나혼자 끝내는
독일어
단어장

나혼자 끝내는 독일어 단어장

지은이 안희철
펴낸이 임상진
펴낸곳 (주)넥서스

초판 1쇄 발행 2017년 7월 30일
초판 8쇄 발행 2024년 4월 1일

출판신고 1992년 4월 3일 제311-2002-2호
주소 10880 경기도 파주시 지목로 5
전화 (02)330-5500 팩스 (02)330-5555

ISBN 979-11-6165-049-4 13750

www.nexusbook.com

나혼자 끝내는 독일어 단어장

안희철 지음

넥서스

나혼자 끝내는 독일어 단어 암기비법

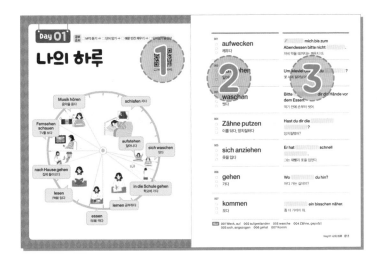

1단계 MP3를 들으며 발음 확인

먼저 MP3를 듣고, 단어의 발음을 확인하세요. 스마트폰으로 QR 코드를 스캔하면 MP3 파일을 바로 들을 수 있습니다. 넥서스 홈페이지에서도 MP3 파일을 무료로 다운받을 수 있습니다.

무료 다운 www.nexusbook.com

2단계 핵심 단어에 눈도장 꽉!

001~586의 번호가 붙어 있는 핵심 단어를 먼저 외우세요. 복습할 때는 한 손으로 단어 뜻을 가리고, 독일어만 보고서 뜻을 맞혀 보세요. 복습한 단어는 체크 박스에 V 표시를 하세요.

3단계 예문 빈칸 채우기

핵심 단어를 2회 반복 암기한 다음에는 예문의 빈칸에 단어를 직접 써 보세요. 손으로 직접 써 보면 눈으로만 외우는 것보다 훨씬 기억에 오래 남습니다.

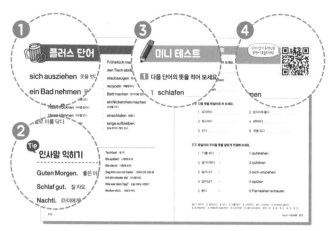

① ② 플러스 단어와 Tip으로 어휘력 보강

핵심 단어를 외운 다음에 좀 더 난이도가 있는 단어에 도전해 보세요. 일상생활에서 활용도가 높은 단어들입니다.

③ 미니 테스트로 실력 확인

문제를 풀면서 실력을 확인해 보세요.

④ 단어암기 동영상으로 복습

세 번 봤는데도 단어가 잘 안 외워진다고요? 그렇다면 단어암기 동영상을 무한 반복해서 보세요. 깜빡이 학습법으로 단어를 자동 암기할 수 있도록 도와줍니다.

무료 다운 www.nexusbook.com

깜빡

aufwecken

깨우다

스마트폰으로 책 속의 QR코드를 스캔하면
MP3 파일과 **단어암기 동영상**을 확인할 수 있어요.

🎧 MP3를 들어보세요

먼저 MP3 파일을
들어 보세요.

단어암기 동영상으로
무한 반복 복습!

자가진단 독학용 학습 플래너

이 책은 30일 만에 약 2,000개의 독일어 단어를 암기할 수 있도록 구성되어 있습니다. 학습 플래너에 공부한 날짜를 적고 체크 박스에 V 표시를 하며 공부하세요. 외운 단어를 잊어버리지 않는 방법은 여러 번 반복해서 외우는 것밖에 없습니다. 특히 초급 단계에서는 어휘력이 곧 독일어 실력이니 독일어를 잘하기 위해서는 단어암기가 매우 중요합니다.

열심히!

공부순서 ☑MP3 듣기 ➡ ☐ 단어 암기 ➡ ☐ 예문 빈칸 채우기 ➡ ☐ 단어암기 동영상

	Day	Page	공부한 날	복습 1회	복습 2회	복습 3회	단어암기 동영상
01	★★★ **나의 하루**	010	월 일	✓	✓	✓	▶
02	★★★ **학교에서**	016	월 일	✓	✓	✓	▶
03	★★★ **회사에서**	024	월 일	✓	✓	✓	▶
04	★★★ **가족과 지인**	030	월 일	✓	✓	✓	▶
05	★★★ **신체와 외모**	036	월 일	✓	✓	✓	▶

나의 하루

🎧 MP3를 들어보세요

Musik hören 음악을 듣다

schlafen 자다

fernsehen TV를 보다

aufstehen 일어나다

sich waschen 씻다

nach Hause gehen 집에 돌아오다

in die Schule gehen 학교에 가다

lesen (책을) 읽다

lernen 공부하다

essen (밥을) 먹다

001

☐
☐
☐

aufwecken

깨우다

_____ mich bis zum
Abendessen bitte nicht _____.
저녁 먹을 때까지는 깨우지 마.

002

☐
☐
☐

aufstehen

일어나다

Um wieviel Uhr bist du _____?
몇 시에 일어났어?

003

☐
☐
☐

waschen

씻다

Bitte _____ dir die Hände vor
dem Essen.
먹기 전에 손부터 씻어.

004

☐
☐
☐

Zähne putzen

이를 닦다, 양치질하다

Hast du dir die _____
_____?
양치질했어?

005

☐
☐
☐

sich anziehen

옷을 입다

Er hat _____ schnell
_____.
그는 재빨리 옷을 입었다.

006

☐
☐
☐

gehen

가다

Wo _____ du hin?
어디 가는 길이야?

007

☐
☐
☐

kommen

오다

_____ ein bisschen näher.
좀 더 가까이 와.

008

☐
☐ **essen**
☐ 먹다

Sprich nicht, während du
░░░░░░░░░.
식사 중에는 말하지 마.

009

☐
☐ **zurückkommen**
☐ 돌아오다

Mama ist gestern spät
░░░░░░░░░.
엄마는 어젯밤에 집에 늦게 돌아오셨다.

010

☐
☐ **gucken**
☐ 보다

Ich habe diesen Film im Fernsehen
░░░░░░░░░.
나는 그 영화를 TV로 봤다.

011

☐
☐ **zuhören**
☐ 듣다

Kannst du mir kurz ░░░░░░░░?
내 말 좀 들어 볼래?

012

☐
☐ **lesen**
☐ 읽다

Sie ░░░░░░░░░ gerne
Schnulzenromane.
그녀는 로맨스 소설을 즐겨 읽는다.

013

☐
☐ **duschen**
☐ 샤워하다

Ich muss ░░░░░░░░.
샤워를 해야겠어요.

014

☐
☐ **aufräumen**
☐ 청소하다

Ich habe den ganzen Morgen
░░░░░░░░░.
나는 아침 내내 청소했어요.

Hint 008 isst   009 zurückgekommen   010 geguckt   012 liest   014 aufgeräumt

015

☐
☐ **kochen**
☐ 요리하다

Wo hast du ▨▨▨▨▨ gelernt?
요리하는 법을 어디에서 배웠어?

016

☐
☐ **spülen**
☐ 설거지하다

Wer wird heute das Geschirr
▨▨▨▨▨?
오늘은 누가 설거지할 거예요?

017

☐
☐ **Wäsche waschen**
☐ 세탁하다

Wir ▨▨▨▨▨ jedes
Wochenende die ▨▨▨▨▨.
우리는 매주 주말에 세탁한다.

018

☐
☐ **lernen**
☐ 공부하다

Ich habe schon mal in Australien
Englisch ▨▨▨▨▨.
나는 전에 호주에서 영어 공부를 한 적이 있다.

019

☐
☐ **sich umziehen**
☐ 갈아입다

Ich werde ▨▨▨▨▨ schnell
▨▨▨▨▨.
난 잠깐 옷 좀 갈아입을게요.

020

☐
☐ **schlafen gehen**
☐ 잠자리에 들다

Sie ▨▨▨▨▨ nie vor
Mitternacht ▨▨▨▨▨.
그녀는 자정 전에 잠자리에 드는 법이 없다.

021

☐
☐ **schlafen**
☐ 잠자다

Hast du gut ▨▨▨▨▨?
잘 잤어?

Hint 015 Kochen   017 waschen, Wäsche   018 gelernt   019 mich, umziehen
020 geht, schlafen   021 geschlafen

 **플러스 단어**

sich ausziehen 옷을 벗다

ein Bad nehmen 목욕하다

sich⁰ das Gesicht waschen
세수하다

rasieren 면도하다

Haare waschen 머리를 감다

Haare trocknen 머리를 말리다

Haare kämmen 머리를 빗다

Zahnseide benutzen
치실로 이를 닦다

Frühstück machen 아침을 만들다

den Tisch abräumen 밥상을 치우다

staubsaugen 청소기로 청소하다

recyceln 재활용하다

Bett machen 잠자리를 정돈하다

ein Nickerchen machen
낮잠을 자다

einschlafen 잠들다

lange aufbleiben
밤늦게까지 깨어 있다

❸ 기호는 3격으로 쓰이는 sich를 의미합니다.

Tip
인사말 익히기

- -

Guten Morgen. 좋은 아침이에요.

Schlaf gut. 잘 자요.

Nachti. (아이에게) 잘 자.

Gute Nacht. 잘 자요.

Träum was Schönes. 좋은 꿈 꿔.

Wie geht es Ihnen? 잘 지내셨어요?

Wie geht's? 잘 지냈니?

Was hast du so gemacht?
그동안 어떻게 지냈어?

Tschüss! 잘 가!

Bis später! 나중에 보자!

Bis dann! 다음에 보자!

Sag ihm von mir hallo! 그에게 안부 전해 줘!

Ich bin wieder da! 다녀왔어요!

Wie war dein Tag? 오늘 하루는 어땠어?

Bedien dich. 마음껏 먹어.

 **미니 테스트**

단어 암기 동영상을 보면서 복습하세요

1 다음 단어의 뜻을 적어 보세요.

1 schlafen _____ 2 zurückkommen _____

3 sich waschen _____ 4 Zähne putzen _____

5 duschen _____

2 다음 뜻을 독일어로 써 보세요.

1 요리하다 _____ 2 잠자리에 들다 _____

3 청소하다 _____ 4 세탁하다 _____

5 오다 _____ 6 옷을 입다 _____

3 독일어와 우리말 뜻을 알맞게 연결해 보세요.

1 TV를 보다 •　　　　　　　① aufstehen

2 설거지하다 •　　　　　　　② zuhören

3 일어나다 •　　　　　　　③ sich umziehen

4 갈아입다 •　　　　　　　④ spülen

5 듣다 •　　　　　　　⑤ fernsehen

1 1. 잠자다　2. 돌아오다　3. 씻다　4. 이를 닦다　5. 샤워하다　**2** 1. kochen　2. schlafen gehen
3. aufräumen　4. Wäsche waschen　5. kommen　6. sich anziehen　**3** 1. ⑤　2. ④　3. ①　4. ③　5. ②

Day 02

학교에서

🎧 MP3를 들어보세요

der Schreibtisch
책상

der Stuhl
의자

das Buch
책

das Schreibheft
공책

das Schulbuch
교과서

der Bleistift
연필

der Radierer
지우개

das Lineal
자

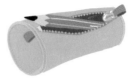

das Federmäppchen
필통

das Papier
종이

die Schere
가위

der Tesafilm
스카치테이프

der Kleber
풀

die Tafel
칠판

die Pinnwand
게시판

022
☐ ☐ ☐ **die Schule**
학교

Um wieviel Uhr gehst du zur
✎ _____ ?
학교에 몇 시에 가니?

023
☐ ☐ ☐ **eintreten**
들어가다, 입학하다

Mein Sohn ist dieses Jahr in die
Grundschule _____ .
아들이 올해 초등학교에 입학해요.

024
☐ ☐ ☐ **graduieren**
졸업하다

Wann bist du von der Universität
_____ ?
언제 대학을 졸업했니?

025
☐ ☐ ☐ **das Klassenzimmer**
교실

Wo ist dein _____ ?
네 교실은 어디니?

026
☐ ☐ ☐ **der Schüler /
die Schülerin**
학생

Wie viele _____ hast du?
학생 수가 얼마나 되니?

027
☐ ☐ ☐ **der Unterricht**
수업

Der nächste _____ startet in
10 Minuten.
다음 수업이 10분 후에 시작한다.

028
☐ ☐ ☐ **der Test**
시험

Du wirst den _____ bestehen.
넌 시험에 합격할 거야.

Hint 023 eingetreten 024 graduiert 029 (Lieblings)fach

018

029

das Fach
과목

Was ist dein Lieblings ?
제일 좋아하는 과목이 뭐야?

030

das Studienfach
전공과목

Ihr ist Wirtschaft.
그녀의 전공은 경제학이다.

031

die Hausaufgabe
숙제

Hast du deine
gemacht?
숙제는 다 했니?

032

der Bericht
보고서, 리포트

Ihr ist über fairen
Handel.
그녀의 보고서는 공정 거래에 관한 것이다.

과목

- -

die Mathematik   수학

die Physik   물리학

die Chemie   화학

die Biologie   생물학

die Geschichte   사학

die Jura   엥 법학

die Medizin   의학

die Literatur   문학

die Politikwissenschaft   정치학

die Sozialwissenschaft   사회학

die Philosophie   철학

die Ethik   윤리학

die Architektur   건축학

die Ingenieurwissenschaft   공학

033

☐
☐
☐

das Semester

학기

Ich war gut im letzten ▓▓▓▓▓▓▓.

나는 지난 학기에 성적이 좋았다.

034

☐
☐
☐

die Ferien

🅿️ 방학

Wie waren deine Sommer ▓▓▓▓▓▓▓?

여름방학은 어땠어?

035

☐
☐
☐

der -klässler

~학년

Dies sind meine Sechst▓▓▓▓▓▓▓.

그들은 저의 6학년 학생들이에요.

036

☐
☐
☐

lernen

배우다

Was hast du heute in der Schule ▓▓▓▓▓▓▓?

오늘은 학교에서 무엇을 배웠니?

037

☐
☐
☐

unterrichten

가르치다

Wie lange ▓▓▓▓▓▓▓ Sie hier schon?

여기서 얼마나 가르치고 계신 거예요?

038

☐
☐
☐

fragen

묻다

Kann ich Sie nach Ihrem Namen ▓▓▓▓▓▓▓?

이름을 물어봐도 될까요?

039

☐
☐
☐

beantworten

대답하다

Ich habe alle seine Fragen ▓▓▓▓▓▓▓.

나는 그의 질문에 모두 답했다.

🅿️ 기호는 복수형으로 쓰이는 명사를 의미합니다.

040
☐
☐
☐

das Wörterbuch
사전

Schlage neue Wörter im _____ nach.
새로운 단어들을 사전에서 찾아봐.

041
☐
☐
☐

schreiben
쓰다

_____ Sie die Antwort in die Lücke.
빈칸에 답을 쓰시오.

042
☐
☐
☐

die (Schul-)AG
동아리

Welcher _____ bist du beigetreten?
어떤 동아리에 들었어?

043
☐
☐
☐

verstehen
이해하다

Wenn du es nicht _____, melde dich.
이해가 안 되면 손을 들어라.

044
☐
☐
☐

die Bibliothek
도서관

Sie arbeitet in der Schul _____.
그녀는 학교 도서관에서 근무한다.

045
☐
☐
☐

das Labor
연구실, 실험실, 실습실

Wir haben zwei Wissenschafts _____.
우리는 두 개의 과학 실험실을 가지고 있다.

046
☐
☐
☐

die Exkursion
수학여행, 현장 실습

Ich kann meine _____ kaum erwarten!
어서 수학여행을 가고 싶어!

Hint 035 (Sechst)klässler 036 gelernt 039 beantwortet 043 verstehst
045 (Wissenschafts)labors

die Vorschule 놀이방, 어린이집

der Kindergarten 유치원

die Grundschule 초등학교

die Mittelstufe 중학교

die Oberstufe 고등학교

die Universität 대학교

der Bachelor 학사

der Master 석사

die Mensa 학생 식당, 구내식당

der Hörsaal (대학교의) 강당

die Aula (초·중·고의) 강당

das Wohnheim 기숙사

der Schulleiter 교장

der stellvertretene Schulleiter 교감

der Mitschüler 급우, 반 친구

das Picknick 소풍

die (Unterrichts)Stunde 수업, 교습, 강습

die Vorlesung 강의, 강연

Unterricht schwänzen 수업을 빼먹다

die Zwischenprüfung 중간고사

die Abschlussprüfung 기말고사

der Test 쪽지 시험

pauken 벼락치기로 공부하다
(=intensiv lernen)

für eine Klausur lernen
시험 공부를 하다

auswendig lernen 외우다, 암기하다

die außerschulischen Aktivitäten 방과 후 활동

das Stipendium 장학금

das Zeugnis 성적표

der Hochschulabschluss 학위

einen Test bestehen 시험을 통과하다

durchfallen 낙제하다

미니 테스트

단어 암기 동영상을
보면서 복습하세요

1 다음 단어의 뜻을 적어 보세요.

1 eintretren _____ 　　2 Hausaufgaben _____

3 das Studienfach _____ 　　4 beantworten _____

5 -klässler _____ 　　6 lernen _____

2 다음 뜻을 독일어로 써 보세요.

1 방학 _____ 　　2 쓰다, 적다 _____

3 동아리 _____ 　　4 묻다 _____

5 이해하다 _____ 　　6 도서관 _____

3 독일어와 우리말 뜻을 알맞게 연결해 보세요.

1 사전 　·　　　　　　　① graduieren

2 과목 　·　　　　　　　② das Semester

3 졸업하다 　·　　　　　　　③ unterrichten

4 학기 　·　　　　　　　④ das Wörterbuch

5 가르치다 　·　　　　　　　⑤ das Fach

1 1. (학교에) 들어가다 2. 숙제 3. 전공과목 4. 대답하다 5. ~학년 6. 배우다, 공부하다 **2** 1. Ferien
2. schreiben 3. (Schul-)AG 4. fragen 5. verstehen 6. Bibliothek **3** 1. ④ 2. ⑤ 3. ① 4. ② 5. ③

Day 03

공부
순서 ☐ MP3 듣기 ➡ ☐ 단어 암기 ➡ ☐ 예문 빈칸 채우기 ➡ ☐ 단어암기 동영상

회사에서

🎧 MP3를 들어보세요

Lehrer / Lehrerin
교사

Arzt / Ärztin
의사

Polizist / Polizistin
경찰관

**Feuerwehrmann /
Feuerwehrfrau**
소방관

Friseur / Friseuse
미용사

Koch / Köchin
요리사

047

☐
☐
☐

der Job
일, 일자리

Hast du einen ✏ ▨▨▨▨
bekommen?
일자리는 구했어?

048

☐
☐
☐

arbeiten
일하다, 근무하다

Sie ▨▨▨▨ für 7000 Won die
Stunde.
그녀는 시급 7천원을 받고 일한다.

049

☐
☐
☐

das Meeting
회의

Sie sind in einem ▨▨▨▨.
그들은 회의 중이다.

050

☐
☐
☐

beschäftigt sein
바쁘다

Er ▨▨▨▨ mit dem Bericht
sehr ▨▨▨▨.
그는 보고서를 작성하느라 바빴다.

051

☐
☐
☐

müde
피곤한

Du siehst ▨▨▨▨ aus.
너 피곤해 보여.

052

☐
☐
☐

die Präsentation
발표, 프레젠테이션

Wie läuft es mit der ▨▨▨▨?
발표는 어떻게 진행되고 있어요?

053

☐
☐
☐

die Geschäftsreise
출장

Dies ist meine erste ▨▨▨▨.
이번이 나의 첫 번째 출장이다.

Hint **048** arbeitet **050** war, beschäftigt

054
□
□
□
der Chef
직장 상사, 사장

Mein _____ ist jähzornig.
나의 직장 상사는 욱하는 성격이다.

055
□
□
□
**der Kollege /
die Kollegin**
직장 동료

Einer meiner _____ ist ein
Workaholic.
내 직장 동료 중 한 사람은 일 중독자이다.

056
□
□
□
einstellen
고용하다, 채용하다

Sie _____ ausländische
Arbeiter _____.
그들은 외국인 노동자들을 고용한다.

057
□
□
□
feuern
해고하다

Niemand möchte _____
werden.
해고당하기를 원하는 사람은 아무도 없다.

058
□
□
□
in Rente gehen
퇴직하다, 은퇴하다

Viele Menschen _____ früh
_____ _____.
많은 사람들이 조기 퇴직한다.

059
□
□
□
das Gehalt
봉급

Ist das _____ gut?
봉급은 많아요?

060
□
□
□
der Vertrag
계약, 계약서

Du solltest den _____ nicht
unterschreiben.
그 계약서에 서명하면 안 돼.

Hint 055 Kollegen 056 stellen, ein 057 gefeuert 058 gehen, in, Rente

061
☐
☐
☐
das Büro
사무실

Mein _____ ist im zweiten Stock.
내 사무실은 2층에 있다.

062
☐
☐
☐
die Firma
회사

Wer hat die _____ gegründet?
누가 그 회사를 세웠어요?

063
☐
☐
☐
die Fabrik
공장

Diese _____ produziert Autos.
이 공장은 자동차를 생산한다.

064
☐
☐
☐
der Zeitplan
일정, 스케줄

Mein _____ ist sehr eng.
내 일정은 빡빡하다.

065
☐
☐
☐
das Bewerbungsgespräch
면접, 인터뷰

Er ist im Zimmer für _____.
그는 면접 보는 방에 있어요.

066
☐
☐
☐
sich für ~ bewerben
~에 지원하다

Sie haben _____ alle _____ den Job _____.
그들 모두가 그 일자리에 지원했다.

067
☐
☐
☐
befördern
승진시키다

Aaron wurde zum Küchenchef _____.
Aaron은 주방장으로 승진했다.

Hint 066 sich, für, beworben   067 befördert

zur Arbeit gehen 출근하다

Überstunden machen
초과 근무를 하다

Feierabend machen 퇴근하다

die Gehaltszulage 보너스

eingestellt werden 취직하다

die Vergünstigung 수당

innerhalb der Dienstzeit 근무 중인

die Rente 연금

außerhalb der Dienstzeit 휴무인

die Gehaltserhöhung 봉급 인상

vollzeit 전일(근무)의

teilzeit 시간제(근무)의

die Visitenkarte 명함

entlassen 정리 해고하다

der Kopierer 복사기

직업

Richter(in) 판사

Fotograf(in) 사진작가

Rechtsanwalt / Rechtsanwältin 변호사

Soldat(in) 군인

Sekretär(in) 비서

Buchhalter(in) 회계사

Verkäufer(in) 판매원

Maler(in) 화가

Klempner(in) 배관공

Musiker(in) 음악가, 연주자

Techniker(in) 수리공

Sportler(in) 운동선수

Handwerker(in) 정비공

Astronom(in) 천문학자

Tierarzt / Tierärztin 수의사

Angestellter / Angestellte 점원

1 다음 단어의 뜻을 적어 보세요.

1 die Fabrik _____ 2 der Kollege _____

3 feuern _____ 4 müde _____

5 die Präsentation _____ 6 der Vertrag _____

2 다음 뜻을 독일어로 써 보세요.

1 해고하다 _____ 2 사무실 _____

3 일정, 스케줄 _____ 4 ~에 지원하다 _____

5 회의 _____ 6 봉급 _____

3 독일어와 우리말 뜻을 알맞게 연결해 보세요.

1 고용하다, 채용하다 ·　　　　· ① die Firma

2 회사　　　　　　　· 　　　　· ② einstellen

3 면접, 인터뷰　　　　·　　　　· ③ befördern

4 승진시키다　　　　·　　　　· ④ die Geschäftsreise

5 출장　　　　　　　·　　　　· ⑤ das Bewerbungsgespräch

1 1. 공장 2. 직장 동료 3. 해고하다 4. 피곤한 5. 발표, 프레젠테이션 6. 계약, 계약서 **2** 1. entlassen
2. das Büro 3. der Zeitplan 4. sich für ~ bewerben 5. das Meeting 6. der Gehalt **3** 1. ② 2. ① 3. ⑤
4. ③ 5. ④

Day 04

공부순서 ☐ MP3 듣기 ➡ ☐ 단어 암기 ➡ ☐ 예문 빈칸 채우기 ➡ ☐ 단어암기 동영상

가족과 지인

🎧 MP3를 들어보세요

**der Großvater
(der Opa)**
할아버지

**die Großmutter
(die Oma)**
할머니

**der Vater
(der Papa)**
아버지

**die Mutter
(die Mama)**
어머니

der Onkel
삼촌, 숙부, 백부

die Tante
이모, 고모, 숙모, 백모

der Bruder
형, 오빠, 남동생

Ich
나

die Schwester
누나, 언니, 여동생

**der Cousin /
die Cousine**
사촌

068

□
□
□
die Familie
가족, 가정, 가문

Erzähl mir von deiner 🖉   .
가족 이야기를 해 봐.

069

□
□
□
die Großeltern
🅟 조부모

Ihre   leben beide noch.
그녀의 조부모님은 두 분 다 아직 살아 계신다.

070

□
□
□
der Großvater
할아버지

Mein   ist als Glückspilz geboren worden.
나의 할아버지는 복을 타고나셨다.

071

□
□
□
die Großmutter
할머니

Ich vermisse meine   so furchtbar sehr.
나는 할머니가 무척 보고 싶다.

072

□
□
□
die Eltern
🅟 부모

     zu sein ist nicht einfach.
부모 노릇 하기는 어렵다.

073

□
□
□
der Vater
아버지

Wie der   , so der Sohn.
부전자전

074

□
□
□
die Mutter
어머니

Sie sieht ihrer   ähnlich.
그녀는 자기 어머니를 닮았다.

075

☐ ☐ ☐ **der Sohn**
아들

Mein jüngster ▓▓▓▓▓▓ ist beim Essen so wählerisch.
나의 막내 아들은 식성이 까다롭다.

076

☐ ☐ ☐ **die Tochter**
딸

Ihre ▓▓▓▓▓▓ sind so hübsch.
그들의 딸들은 미모가 뛰어나다.

077

☐ ☐ ☐ **der Bruder**
형, 오빠, 남동생

Sein ▓▓▓▓▓▓ ist ein Muttersöhnchen.
그의 형은 마마보이다.

078

☐ ☐ ☐ **die Schwester**
누나, 언니, 여동생

Ihre ▓▓▓▓▓▓ ist ein bisschen selbstsüchtig.
그녀의 언니는 좀 이기적이다.

079

☐ ☐ ☐ **das Enkelkind**
손주

Wie viele ▓▓▓▓▓▓ haben Sie?
손주가 몇 명이나 되세요?

080

☐ ☐ ☐ **der Onkel**
삼촌, 숙부, 백부

Sein ▓▓▓▓▓▓ ist alleinerziehender Vater.
그의 삼촌은 홀로 아이를 키운다.

081

☐ ☐ ☐ **die Tante**
이모, 고모, 숙모, 백모

Julies ▓▓▓▓▓▓ kümmert sich sehr um sie.
Julie의 이모는 그녀에게 신경을 써 준다.

Hint 076 Töchter 079 Enkelkinder

082

☐☐☐ **Verwandter**

친척

Er ist ein entfernter _____ **von mir.**

그는 나의 먼 친척이다.

083

☐☐☐ **der Cousin / die Cousine**

사촌

Wir sind _____ .

우리는 사촌 사이이다.

084

☐☐☐ **der Neffe**

남자 조카

Ich würde alles für meinen _____ **tun.**

내 조카를 위해서라면 무엇이든 할 거야.

085

☐☐☐ **die Nichte**

여자 조카

Meine _____ **interessiert sich fürs Tanzen.**

내 조카딸은 춤에 관심이 있다.

086

☐☐☐ **der Freund / die Freundin**

친구

Er hat seinen besten _____ **betrogen.**

그는 가장 친한 친구를 배신했다.

087

☐☐☐ **der Nachbar**

이웃

Wir waren jahrelang _____ .

우리는 수년간 이웃으로 지냈다.

088

☐☐☐ **Fremder**

낯선 사람

Nimm nichts von _____ **an!**

낯선 사람에게서는 아무것도 받지 마라!

Hint 083 Cousins 084 Neffen 087 Nachbarn 088 Fremden

Familie mit nur einem Elternteil
한부모 가정

der engste Familienkreis
직계 가족

harmonische Familie 단란한 가족

die Ururgroßeltern ㉾ 고조부모

die Urgroßeltern ㉾ 증조부모

der Urenkel 증손주

der Enkel 손주

das Einzelkind 외동아들, 외동딸

der Schwiegervater 시아버지, 장인

die Schwiegermutter 시어머니, 장모

der Schwiegersohn 사위

die Schwiegertochter 며느리

die Pflegeeltern ㉾ 양부모

das Pflegekind 양자녀

der Halbbruder 이부형제, 이복형제

die Stiefmutter 새어머니, 계모

leibliche Mutter 생모

die Freundschaft 우정

bester Freund / beste Freundin
가장 친한 친구

alter Freund 오래된 친구

Freund aus Kindheitstagen
어릴 적 친구

treuer Freund 믿을 수 있는 친구

ein Freund der Familie 가족의 지인

Freund eines Freundes 친구의 지인

der Mitbewohner 룸메이트

die Anderen ㉾ 타인들

die Gemeinschaft 지역 사회

단어 암기 동영상을
보면서 복습하세요

1 다음 단어의 뜻을 적어 보세요.

1 der Nachbar _____   2 das Enkelkind _____

3 der Sohn _____   4 der Neffe _____

5 Verwandter _____   6 die Tante _____

2 다음 뜻을 독일어로 써 보세요.

1 삼촌, 숙부, 백부 _____   2 어머니 _____

3 조부모 _____   4 낯선 사람 _____

5 가족, 가정, 가문 _____   6 딸 _____

3 독일어와 우리말 뜻을 알맞게 연결해 보세요.

1 사촌 •   ① der Cousin

2 할아버지 •   ② die Nichte

3 친구 •   ③ der Bruder

4 여자 조카 •   ④ der Freund / die Freundin

5 오빠 •   ⑤ der Großvater

1 1. 이웃 2. 손주 3. 아들 4. 남자 조카 5. 친척 6. 이모, 고모, 숙모, 백모 **2** 1. der Onkel
2. die Mutter 3. die Großeltern 4. Fremder 5. die Familie 6. die Tochter **3** 1. ① 2. ⑤ 3. ④
4. ② 5. ③

Day 05

공부
순서 ☐ MP3 듣기 ➡ ☐ 단어 암기 ➡ ☐ 예문 빈칸 채우기 ➡ ☐ 단어암기 동영상

신체와 외모

🎧 MP3를 들어보세요

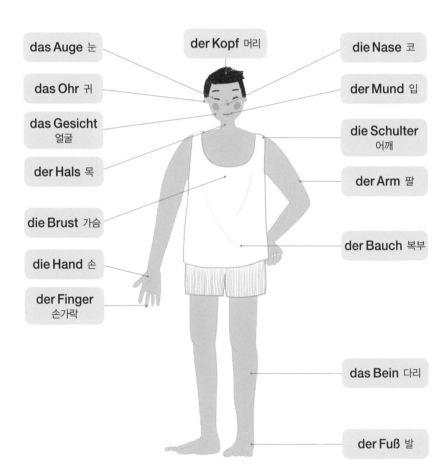

das Auge 눈

der Kopf 머리

die Nase 코

das Ohr 귀

der Mund 입

das Gesicht 얼굴

die Schulter 어깨

der Hals 목

der Arm 팔

die Brust 가슴

der Bauch 복부

die Hand 손

der Finger 손가락

das Bein 다리

der Fuß 발

089

☐
☐
☐

der Körper
몸, 신체

Mein ganzer ✎ ▨▨▨▨▨▨ tut weh.
온몸이 아파요.

090

☐
☐
☐

die Haare
🅿️ 머리카락

Deine ▨▨▨▨▨▨ sehen gut aus.
너의 머리가 멋지다.

091

☐
☐
☐

die Glatze
대머리

Herr Greene bekommt eine
▨▨▨▨▨▨.
Greene 씨는 대머리가 되어 가고 있다.

092

☐
☐
☐

lockig
곱슬머리의

Ich habe langes, ▨▨▨▨▨▨ Haar.
내 머리는 긴 곱슬머리이다.

093

☐
☐
☐

die Zunge
혀

Streck deine ▨▨▨▨▨▨ raus!
혀를 내밀어 봐!

094

☐
☐
☐

der Finger
손가락

Sie hat mir den ▨▨▨▨▨▨
verbunden.
그녀가 내 손가락에 붕대를 감아 주었다.

095

☐
☐
☐

das Knie
무릎

Jetzt gehen Sie auf die
▨▨▨▨▨▨.
이제 무릎을 꿇고 앉으세요.

Hint **092** lockiges

096

☐
☐
☐
der Knöchel
발목

Mein rechter ▨▨▨▨ ist geschwollen.
오른쪽 발목이 부어 있어요.

097

☐
☐
☐
die Taille
허리

Sie hat eine schlanke ▨▨▨▨.
그녀는 허리가 가늘다.

098

☐
☐
☐
der Bart
턱수염

Er streicht seinen ▨▨▨▨.
그는 턱수염을 쓰다듬고 있다.

099

☐
☐
☐
die Haut
피부

Er mag Frauen mit heller ▨▨▨▨.
그는 피부가 흰 아가씨들을 좋아한다.

100

☐
☐
☐
aussehen
~하게 보이다

Die Schauspielerin ▨▨▨▨ blass ▨▨▨▨.
그 여배우는 창백해 보인다.

101

☐
☐
☐
alt
나이 든, 늙은

Sie werden ▨▨▨▨.
그들은 늙어 가고 있다.

102

☐
☐
☐
jung
나이 어린, 젊은

Sie sieht ▨▨▨▨ für ihr Alter aus.
그녀는 나이에 비해 어려 보인다.

Hint **100** sieht, aus

103

☐
☐
☐

abnehmen
체중을 줄이다

Ich muss   .
난 체중을 줄여야 해.

104

☐
☐
☐

das Übergewicht
과체중

Helen denkt, dass sie
hat.
Helen은 자신이 과체중이라고 생각한다.

105

☐
☐
☐

schlank
날씬한

Wie bleibst du so   ?
어떻게 그렇게 날씬한 몸매를 유지하니?

106

☐
☐
☐

groß
키가 큰

Ich bin   als du.
내가 너보다 키가 커.

107

☐
☐
☐

schön
아름다운

Sie hat   blaue Augen.
그녀는 아름다운 푸른 눈을 가지고 있다.

108

☐
☐
☐

die Falten
Pl. 주름

Es ist gut, um
vorzubeugen.
그것은 주름 예방에 좋다.

109

☐
☐
☐

in Form bleiben
건강을 유지하다

Schwimmen hilft dir,
                    zu   .
수영은 건강 유지에 도움이 된다.

Hint **106** größer   **107** schöne   **109** in, Form, bleiben die Stirn 이마

die Augenbraue 눈썹

die Wimpern 속눈썹

das Augenlid 눈꺼풀

der Fingerabdruck 지문

die Sommersprossen 주근깨

der Pickel 여드름

das Nasenloch 콧구멍

die Lippen 입술

der Zahn, die Zähne 📵 이, 치아

die Wange 뺨

der Kiefer 위턱

das Kinn 아래턱

der Schnurrbart 콧수염

die Kotletten 구렛나루

rund 둥글둥글한

oval 달걀형의

viereckig 사각형의

das Handgelenk 팔목

der Ellenbogen 팔꿈치

der Oberschenkel 허벅지

der Zeh, die Zehen 📵 발가락

der Zehennagel,
die Zehennägel 📵 발톱

der Fingernagel,
die Fingernägel 📵 손톱

die Perücke 가발

glatt 직모의

gewellt 파마머리의

blond 금발 머리의

der Haarausfall 탈모

abnehmen 체중이 줄다
(=Gewicht verlieren)

zunehmen 살이 찌다

der Bierbauch 술배

muskulös 근육질의

단어 암기 동영상을
보면서 복습하세요

1 다음 단어의 뜻을 적어 보세요.

1 aussehen _____

2 der Knöchel _____

3 das Übergewicht _____

4 die Falten _____

5 die Zunge _____

6 schön _____

2 다음 뜻을 독일어로 써 보세요.

1 피부 _____

2 곱슬머리의 _____

3 건강을 유지하다 _____

4 턱수염 _____

5 무릎 _____

6 체중을 줄이다 _____

3 독일어와 우리말 뜻을 알맞게 연결해 보세요.

1 허리 •

① der Körper

2 손가락 •

② die Taille

3 날씬한 •

③ der Finger

4 대머리 •

④ schlank

5 몸, 신체 •

⑤ die Glatze

---

1 1. ~하게 보이다 2. 발목 3. 과체중 4. 주름 5. 혀 6. 아름다운 **2** 1. die Haut 2. lockig
3. in Form bleiben 4. der Bart 5. das Knie 6. abnehmen **3** 1. ② 2. ③ 3. ④ 4. ⑤ 5. ①

감정과 느낌 표현

🎧 MP3를 들어보세요

fröhlich 기분 좋은, 행복한

traurig 슬픈

wütend 화난

überrascht 놀란

lachen 웃다

weinen 울다

110

☐
☐
☐

sich fühlen
느끼다, ~한 기분이 들다

Wie ✐＿＿＿＿ du ＿＿＿＿＿
heute?
오늘은 기분이 어때?

111

☐
☐
☐

fröhlich
기분 좋은, 행복한

Du siehst heute ＿＿＿＿＿ aus.
오늘 기분이 좋아 보이네.

112

☐
☐
☐

traurig
슬픈

Sei nicht so ＿＿＿＿＿.
그렇게 슬퍼하지 마.

113

☐
☐
☐

nervös
긴장한, 초조한

Ich bin ein bisschen ＿＿＿＿＿.
좀 긴장되네요.

114

☐
☐
☐

sich ärgern
속상하다, 화나다

Er ＿＿＿＿＿ ＿＿＿＿＿ sicher.
그는 분명 속상할 거예요.

115

☐
☐
☐

mögen
좋아하다, 마음에 들다

＿＿＿＿＿ du Kaffee?
커피 좋아하니?

116

☐
☐
☐

hassen
매우 싫어하다, 미워하다

Sie ＿＿＿＿＿ ihre Arbeit.
그녀는 자신의 일을 매우 싫어한다.

Hint 110 fühlst, dich 114 ärgert, sich 115 Magst 116 hasst

117

☐
☐ **weinen**
☐ 울다

Hör auf zu ▨▨▨▨▨!

그만 울어!

118

☐
☐ **das Glück**
☐ 운

Heute ist dein ▨▨▨▨tag!

오늘은 너의 운수가 좋은 날이네!

119

☐
☐ **leidtun**
☐ 미안하다, 유감이다

Es ▨▨▨▨ mir wegen letzter
Nacht ▨▨▨▨.

어젯밤 일은 미안해요.

120

☐ **sich❸ Sorgen**
☐ **machen**
☐ 걱정하다

▨▨▨▨ dir keine ▨▨▨▨
um ▨▨▨▨.

나에 대해서는 걱정하지 마.

121

☐
☐ **wütend**
☐ 화난

Du hast ihn ▨▨▨▨ gemacht.

네가 그를 화나게 했잖아.

122

☐
☐ **lustig sein**
☐ 재미있는

Es ▨▨▨▨ sehr ▨▨▨▨.

엄청 재미있었어요.

123

☐
☐ **aufgeregt sein**
☐ 신나다, 흥분하다

Sie ▨▨▨▨ wegen der Reise
sehr ▨▨▨▨.

그들은 여행 때문에 신이 났다.

Hint 118 Glücks(tag) 119 tut, leid 120 Mach, Sorgen, mich 122 war, lustig 123 sind, aufgeregt

124

☐☐☐ **stolz sein**
자랑스러워하다

Ich ▨▨▨▨ ▨▨▨▨ auf dich.
네가 자랑스러워.

125

☐☐☐ **das Lachen**
웃음

Ich habe mich zum ▨▨▨▨
gezwungen.
나는 억지웃음을 지었다.

126

☐☐☐ **vermissen**
그리워하다, 보고 싶다

Ich werde dich ▨▨▨▨.
네가 보고 싶을 거야.

127

☐☐☐ **überrascht sein**
놀라다

Wir ▨▨▨▨ von dem Ergebnis
sehr ▨▨▨▨.
우리는 그 결과에 놀랐다.

128

☐☐☐ **interessant**
흥미로운

Das ist eine ▨▨▨▨ Idee.
그거 흥미로운 생각이네요.

129

☐☐☐ **sich fürchten**
겁먹다, 무서워하다

Ich ▨▨▨▨ ▨▨▨▨ zu Tode.
겁나 죽겠어요.

130

☐☐☐ **sich❸ sicher sein**
확신하다

▨▨▨▨ du ▨▨▨▨ ▨▨▨▨,
dass du die Tür abgeschlossen hast?
문 잠근 거 확실해?

Hint 124 bin, stolz 127 waren, überrascht 128 interessante 129 fürchte, mich 130 Bist, dir, sicher froh sein 기쁘하다, 반가워하다

einsam sein 외로워하다, 고독하다

zufrieden sein 만족하다

Pech haben 불운하다

unglücklich sein 슬프다, 불행하다

beeindruckend 인상 깊은

böse sein 화나다

eifersüchtig sein 질투하다

schockiert sein 충격받다

begeistert sein 전율하다, 아주 흥분하다

Angst haben 두려워하다, 무서워하다

elend sein 비참하다

zufriedengestellt sein 만족하다

widerlich sein 혐오스럽다

enttäuscht sein 실망하다

nicht mögen 싫어하다

verwirrt sein 혼란스러워하다

bereuen 후회하다

peinlich sein 부끄럽다

neugierig sein 궁금하다, 궁금해하다

sich schämen 부끄러워하다

fürchten 두려워하다

entspannt sein 안심하다

beneiden 부러워하다

genervt sein 짜증 나다

grinsen 실실 웃다

erfreut sein 기쁘다

selbstbewusst 자신 있는

gelangweilt sein 지루해하다

deprimiert 우울한

lustig sein 우습다

gereizt sein 짜증 나다

gerührt sein 감동을 받다

unwillig sein 꺼리다

 **미니 테스트**

 단어 암기 동영상을 보면서 복습하세요

1 다음 단어의 뜻을 적어 보세요.

1 nervös _____ 2 aufgeregt sein _____

3 hassen _____ 4 vermissen _____

5 sich fürchten _____ 6 sich fühlen _____

2 다음 뜻을 독일어로 써 보세요.

1 운 _____ 2 웃다 _____

3 놀라다 _____ 4 속상하다, 화나다 _____

5 미안하다, 유감이다 _____ 6 재미있다 _____

3 독일어와 우리말 뜻을 알맞게 연결해 보세요.

1 걱정하다 • ① wütend

2 확신하다 • ② interessant

3 흥미로운 • ③ stolz sein

4 자랑스러워하다 • ④ sich Sorgen machen

5 화난 • ⑤ sich sicher sein

1 1. 긴장한, 초조한 2. 신나다, 흥분하다 3. 매우 싫어하다, 미워하다 4. 그리워하다, 보고 싶다 5. 겁먹다, 무서워하다 6. 느끼다, ~한 기분이 들다 **2** 1. Glück 2. lachen 3. überrascht sein 4. wütend 5. leidtun 6. lustig sein **3** 1. ④ 2. ⑤ 3. ② 4. ③ 5. ①

Day 07

공부 순서 ☐ MP3 듣기 ➡ ☐ 단어 암기 ➡ ☐ 예문 빈칸 채우기 ➡ ☐ 단어암기 동영상

성격 표현하기

🎧 MP3를 들어보세요

nett 친절한

kreativ 창의적인

fleißig 근면한

freundlich 상냥한, 우호적인

egoistisch 이기적인

ehrgeizig 야심 있는

131

☐
☐
☐

nett
친절한

Das ist ✎ ▨▨▨▨▨ von Ihnen.
참 친절하시네요.

132

☐
☐
☐

ruhig
조용한, 말수가 적은

Das Publikum wurde ▨▨▨▨▨.
청중이 조용해졌다.

133

☐
☐
☐

freundlich
상냥한, 우호적인

Sie umarmte mich mit einem
▨▨▨▨▨ Lächeln.
그녀는 상냥한 미소를 지으며 나를 안아 주었다.

134

☐
☐
☐

Neugier haben
호기심 많다

Mein Hund ▨▨▨▨▨ auf alles
▨▨▨▨▨.
우리 집 개는 모든 것에 호기심이 많다.

135

☐
☐
☐

fleißig
근면한

Er ist ein ▨▨▨▨▨ Arbeiter.
그는 근면한 일꾼이다.

136

☐
☐
☐

unhöflich
무례한

Ich wollte nicht ▨▨▨▨▨ sein.
무례하게 굴려던 것은 아니었어요.

137

☐
☐
☐

vorsichtig
신중한, 조심성 있는

Sei ▨▨▨▨▨ !
조심해!

Hint **133** freundlichen **134** hat, Neugier **135** fleißiger

138

☐ **schüchtern**
☐
☐ 수줍어하는

Ich bin bei Fremden immer
███████.
저는 낯을 가려요.

139

☐ **ehrlich**
☐
☐ 정직한, 솔직한

Gib mir eine ███████ Antwort.
솔직하게 답해 줘.

140

☐ **kreativ**
☐
☐ 창의적인

Du bist ein ███████ Architekt.
너는 창의적인 건축가구나.

141

☐ **ehrgeizig**
☐
☐ 야심 있는

Sei so ███████ wie sie.
그녀처럼 야심을 품어 봐.

142

☐ **höflich**
☐
☐ 공손한, 예의 바른

Ich habe versucht, ███████ zu
ihm zu sein.
그에게 공손하게 굴려고 애썼어요.

143

☐ **großzügig**
☐
☐ 관대한, 너그러운

Das ist sehr ███████ von Ihnen.
참 너그러우시네요.

144

☐ **rücksichtsvoll**
☐
☐ 배려하는

Lucy ist so eine ███████ Frau.
Lucy는 참 배려심이 깊은 여자이다.

Hint 139 ehrliche 140 kreativer 144 rücksichtsvolle

145

☐
☐ **grausam**
☐ 잔인한

Er ist ein ▓▓▓▓▓▓ Mörder.
그는 잔인한 살인자이다.

146

☐ **treu**
☐ 신의 있는, 충직한
☐

Er war immer ein ▓▓▓▓▓▓ Freund.
그는 줄곧 신의 있는 친구였다.

147

☐ **egoistisch**
☐ 이기적인
☐

Wie kannst du so ▓▓▓▓▓▓ sein?
너는 어쩜 그리 이기적이니?

148

☐ **geduldig**
☐ 참을성 있는
☐

Versuche ▓▓▓▓▓▓ mit den Kindern zu sein.
참을성을 가지고 아이들을 대해 봐.

149

☐ **streng**
☐ 엄격한
☐

Mein Vater war ein ▓▓▓▓▓▓ Mann.
나의 아버지는 엄격한 분이셨다.

150

☐ **wählerisch**
☐ 까다로운
☐

Sie sind dieses Mal so ▓▓▓▓▓▓.
이번에는 아주 까다롭게 구시네요.

151

☐ **verantwortungsvoll**
☐ 책임감 있는
☐

Benimm dich wie ein ▓▓▓▓▓▓ Erwachsener.
책임감 있는 어른답게 행동해.

Hint 145 grausamer   146 treuer   149 strenger   151 verantwortungsvoller fröhlich 명랑한

hartnäckig 집요한, 끈질긴

faul 게으른

gesprächig 수다스러운

mutig 용감한

waghalsig 무모한, 경솔한

ernst 진지한

energetisch 에너지가 넘치는

launisch 기분 변화가 심한

bescheiden 겸손한

vorsichtig 조심성 있는

unvorsichtig 부주의한, 조심성 없는

loyal 충성스러운, 충실한

gelassen 느긋한, 태평한

charmant 매력적인

aktiv 능동적인, 활동적인

passiv 수동적인, 소극적인

gemein 비열한

optimistisch 낙천적인

pessimistisch 비관적인

gewalttätig 폭력적인

arrogant 거만한

positiv 긍정적인

negativ 부정적인

aufgeschlossen 외향적인

reserviert 내성적인

gerissen 교활한

aggressiv 공격적인

unschuldig 순진한, 순수한

aufmerksam 사려 깊은

vertrauenswürdig 믿을 만한

wettbewerbsfähig 경쟁심 강한

단어 암기 동영상을 보면서 복습하세요

1 다음 단어의 뜻을 적어 보세요.

1 ehrlich _____

2 Neugier haben _____

3 egoistisch _____

4 verantwortungsvoll _____

5 vorsichtig _____

6 unhöflich _____

2 다음 뜻을 독일어로 써 보세요.

1 창의적인 _____

2 친절한 _____

3 배려하는 _____

4 참을성 있는 _____

5 근면한 _____

6 까다로운 _____

3 독일어와 우리말 뜻을 알맞게 연결해 보세요.

1 잔인한 ・

2 관대한, 너그러운 ・

3 야심 있는 ・

4 상냥한, 우호적인 ・

5 수줍어하는 ・

① ehrgeizig

② schüchtern

③ grausam

④ großzügig

⑤ freundlich

1 1. 정직한, 솔직한   2. 호기심이 많다   3. 이기적인   4. 책임감 있는   5. 조심성 있는   6. 무례한
2 1. kreativ   2. nett   3. rücksichtsvoll   4. geduldig   5. fleißig   6. wählerisch   **3** 1. ③   2. ④   3. ①
4. ⑤   5. ②

사람의 일생

🎧 MP3를 들어보세요

**das Baby
(der Säugling)**
아기

das Kind
어린이, 아이

Erwachsener
어른, 성인

heiraten
결혼하다

**der Senior /
die Seniorin**
노인

sterben
죽다

152

☐
☐
☐

das Leben
인생, 삶, 목숨

Das 🖊 _____ ist zu kurz, um es zu verschwenden.
인생은 낭비하기에는 너무 짧다.

153

☐
☐
☐

geboren werden
태어나다

Er _____ 2000 _____.
그는 2000년에 태어났다.

154

☐
☐
☐

das Baby
아기(=der Säugling)

Ich kann weinende _____ nicht ausstehen.
나는 우는 아기들을 견딜 수 없다.

155

☐
☐
☐

das Kind
어린이, 아이

Hör auf mich wie ein _____ zu behandeln.
나를 어린아이처럼 대하지 마.

156

☐
☐
☐

aufwachsen
자라다

Ich bin in Busan _____.
나는 부산에서 자랐다.

157

☐
☐
☐

der Teenager
십대

Mein Sohn ist ein verliebter _____.
나의 십대 아들 녀석이 사랑에 빠졌다.

158

☐
☐
☐

~ Jahre alt
~살, ~세

Wir werden nächstes Jahr dreißig _____.
우리는 내년에 서른 살이 된다.

Hint **153** wurde, geboren **154** Babys **156** aufgewachsen

159

☐
☐ **Erwachsener**
☐ 어른, 성인

Wie viel kosten Tickets für

▨▨▨▨▨▨?

성인용 표는 얼마예요?

160

☐
☐ **treffen**
☐ 만나다

Hast du schon mal meinen Freund

▨▨▨▨▨▨?

내 남자 친구를 만난 적 있니?

161

☐
☐ **die Liebe**
☐ 사랑

▨▨▨▨▨▨ ist nicht käuflich.

사랑은 돈으로 살 수 없다.

162

☐
☐ **der Streit**
☐ 싸움

Wir hatten einen großen ▨▨▨▨▨.

우리는 대판 싸웠다.

163

☐
☐ **heiraten**
☐ 결혼하다

Wir haben jung ▨▨▨▨▨.

우리는 어린 나이에 결혼했다.

164

☐
☐ **die Ehefrau**
☐ 아내

Wir sind Ehemann und ▨▨▨▨▨.

우리는 부부예요.

165

☐
☐ **der Ehemann**
☐ 남편

Er ist mein Ex- ▨▨▨▨▨.

그는 저의 전 남편이에요.

166
□
□
□
leben
살다, 생존하다

Mein Großvater hat 72 Jahre in Berlin [   ].
나의 할아버지는 72년 동안 베를린에서 사셨다.

167
□
□
□
die Kindheit
어린 시절

Ich habe schöne [   ] erinnerungen.
내게는 행복한 어린 시절의 추억이 있다.

168
□
□
□
der Geburtstag
생일

Wann ist dein [   ]?
생일이 언제니?

169
□
□
□
unverheiratet
미혼의

Dies ist ein Heim für [   ] Mütter.
이곳은 미혼모 쉼터이다.

170
□
□
□
alt werden
나이 들어 가다, 늙어 가다

Du kannst es nicht aufhalten, [   ] zu [   ].
나이 드는 것을 막을 수는 없다.

171
□
□
□
überleben
살아남다

Niemand [   ] den Unfall.
아무도 그 사고에서 살아남지 못했다.

172
□
□
□
sterben
죽다

Er [   ] überraschend.
그는 급사했다.

Hint 166 gelebt 167 Kindheits(erinnerungen) 169 unverheiratete 170 älter, werden
171 überlebte 172 starb

der Mann 남자

die Frau 여자

daten 연애하다

fester Freund 남자 친구

feste Freundin 여자 친구

Schluss machen mit ~와 헤어지다

einen Heiratsantrag machen
청혼하다

sich verloben 약혼하다

der Verlobter (남자) 약혼자

die Verlobte (여자) 약혼자

die Scheidung 이혼

getrennt sein 별거하다

betrügen 외도하다

schwanger 임신한

gebären 출산하다

die Ehe 결혼

der Bräutigam 신랑

die Braut 신부

das Jubiläum 기념일

das Alter 나이

das Neugeborenes 갓난아기

das Wickelkind 영아, 젖먹이

das Kleinkind 유아

Erwachsener 성인

versterben 돌아가시다

die Beerdigung 장례식

das Grab 무덤

der Heiratsvermittler 중매인

der Witwer 홀아비

die Witwe 과부

미니 테스트

단어 암기 동영상을
보면서 복습하세요

1 다음 단어의 뜻을 적어 보세요.

1 alt werden _____   2 der Teenager _____

3 geboren werden _____   4 der Streit _____

5 das Leben _____   6 unverheiratet _____

2 다음 뜻을 독일어로 써 보세요.

1 남편 _____   2 살아남다 _____

3 어린이, 아이 _____   4 ~살, ~세 _____

5 생일 _____   6 만나다 _____

3 독일어와 우리말 뜻을 알맞게 연결해 보세요.

1 자라다 ·   ① leben

2 어른, 성인 ·   ② aufwachsen

3 죽다 ·   ③ die Kindheit

4 어린 시절 ·   ④ Erwachsener

5 살다 ·   ⑤ sterben

1 1. 나이 들어 가다, 늙어 가다 2. 십대 3. 태어나다 4. 싸움 5. 인생, 삶, 목숨 6. 미혼의
2 1. der Ehemann 2. überleben 3. das Kind 4. Jahre alt 5. der Geburtstag 6. treffen **3** 1. ②
2. ④ 3. ⑤ 4. ③ 5. ①

계절과 날씨

🎧 MP3를 들어보세요

sonnig 화창한

wolkig 흐린, 구름 낀

regnerisch 비 오는

schneeig 눈 오는

windig 바람 부는

stürmisch 비바람이 부는

173
☐
☐ **die Jahreszeit**
☐ 계절

Welche ✎   magst du am liebsten?
어떤 계절을 가장 좋아하세요?

174
☐
☐ **der Frühling**
☐ 봄

Es gibt überall   blumen.
봄꽃들이 여기저기 피어 있다.

175
☐
☐ **der Sommer**
☐ 여름

Dieses   festival dauert eine Woche an.
이번 여름 축제는 일주일 동안 계속된다.

176
☐
☐ **der Herbst**
☐ 가을

Der   ist die beste Jahreszeit, um wandern zu gehen.
가을은 하이킹하기에 가장 좋은 계절이다.

177
☐
☐ **der Winter**
☐ 겨울

Wir haben den   in Hawaii verbracht.
우리는 겨울을 하와이에서 보냈다.

178
☐
☐ **das Wetter**
☐ 날씨

Wie ist das   ?
날씨가 어때요?

179
☐
☐ **die Temperatur**
☐ 기온

Die   ist stark gefallen.
기온이 뚝 떨어졌다.

Hint **174** Frühlings(blumen)   **175** Sommer(festival)

180 ☐ ☐ ☐ **heiß** 더운	Es ist ▓▓▓▓▓▓ hier, oder? 여기는 덥네요. 안 그래요?
181 ☐ ☐ ☐ **kalt** 추운, 차가운	Meine Ohren tun vom ▓▓▓▓▓ Wind weh. 차가운 바람 때문에 귀가 시렸다.
182 ☐ ☐ ☐ **erfrischend** 시원한	Der Herbstwind ist ▓▓▓▓▓▓▓. 가을 바람이 시원하다.
183 ☐ ☐ ☐ **kühl** 쌀쌀한	Die Abendluft wurde ▓▓▓▓▓▓. 밤공기가 쌀쌀해졌다.
184 ☐ ☐ ☐ **feucht** 습한	Ich mag ▓▓▓▓▓▓ Tage nicht. 나는 습한 날씨가 싫다.
185 ☐ ☐ ☐ **regnerisch** 비가 내리는	Es war den ganzen Tag ▓▓▓▓▓▓. 하루 종일 비가 내리고 있다.
186 ☐ ☐ ☐ **der Schnee** 눈	Der erste ▓▓▓▓▓▓ kam dieses Jahr früh. 올해 겨울엔 첫눈이 일찍 내렸다.

187
☐
☐
☐
der Regenschirm
우산

Hast du einen [____]?
우산 있니?

188
☐
☐
☐
sonnig
화창한

Es ist ein heller, [____] Tag.
밝고 화창한 날이에요.

189
☐
☐
☐
wolkig
흐린, 구름 낀

Es ist zu [____] für ein Picknick.
소풍을 가기에는 날씨가 너무 흐리다.

190
☐
☐
☐
windig
바람 부는

Er ist die [____] Straße langgelaufen.
그는 바람 부는 거리를 걸어갔다.

191
☐
☐
☐
nebelig
안개 낀

An [____] Tagen musst du vorsichtig fahren.
안개 낀 날에는 운전을 조심해.

192
☐
☐
☐
stürmisch
비바람이 부는, 폭풍우가 내리는

Das Boot ist im [____] Meer gekentert.
비바람이 부는 바다에서 배가 뒤집혔다.

193
☐
☐
☐
die Flut
홍수

Die Straße wurde durch die [____] zerstört.
홍수로 도로가 파괴되었다.

Hint 188 sonniger   190 windige   191 nebeligen   192 stürmischen

das Klima 기후

die Globale Erwärmung
지구 온난화

die Wettervorhersage 일기예보

warm 따뜻한

eiskalt 몹시 추운

klar 날씨가 갠

der Donner 천둥

der Blitz 번개

der Sturm 비바람, 폭풍

wehen (바람이) 불다

das Gewitter 뇌우

der Taifun 태풍

der Schneesturm 눈보라

der Hurrikan 허리케인

der Tsunami 쓰나미

der Tornado 토네이도

der Hagel 우박

das Erdbeben 지진

der Schneeregen 진눈깨비

der Schneemann 눈사람

die Schneeballschlacht 눈싸움

der Regenbogen 무지개

der Schauer 소나기

die Regenzeit 장마철

der Dauerregen 장마

der Ventilator 선풍기

die Klimaanlage 에어컨

die Heizung 난방기

Celsius 섭씨

Fahrenheit 화씨

der Niederschlag 강수량

der Gelbe Staub 황사

die Dürre 가뭄

die Luftverschmutzung 대기오염

die Maske 마스크

 **미니 테스트**

단어 암기 동영상을 보면서 복습하세요

1 다음 단어의 뜻을 적어 보세요.

1 Frühling _____

2 erfrischend _____

3 heiß _____

4 Flut _____

5 sonnig _____

6 Wetter _____

2 다음 뜻을 독일어로 써 보세요.

1 안개 짙은 _____

2 여름 _____

3 우산 _____

4 쌀쌀한 _____

5 계절 _____

6 비가 내리는 _____

3 독일어와 우리말 뜻을 알맞게 연결해 보세요.

1 습한 ·

① windig

2 바람 부는 ·

② der Herbst

3 기온 ·

③ kalt

4 가을 ·

④ die Temperatur

5 추운, 차가운 ·

⑤ feucht

1 1. 봄 2. 시원한 3. 더운 4. 홍수 5. 화창한 6. 날씨 **2** 1. nebelig 2. der Sommer
3. der Regenschirm 4. kühl 5. die Jahreszeit 6. regnerisch **3** 1. ⑤ 2. ① 3. ④ 4. ② 5. ③

Day 10

der Hund 개

die Katze 고양이

das Huhn 닭

die Kuh 소, 암소

das Pferd 말

das Schwein 돼지

194

☐ ☐ ☐ **das Tier**
동물

Peter ist ein ✎ _____ liebhaber.
Peter는 동물 애호가이다.

195

☐ ☐ ☐ **der Vogel**
새

Es gibt _____, die nicht
fliegen können.
날지 못하는 새들도 있다.

196

☐ ☐ ☐ **der Fisch**
물고기

Hast du einen _____
gefangen?
물고기 좀 잡았어?

197

☐ ☐ ☐ **das Haustier**
반려동물

Keine _____ erlaubt.
애완동물 출입 금지.

198

☐ ☐ ☐ **das Insekt**
벌레, 곤충

Fliegende _____ sind sehr
nervig.
날벌레들은 정말 성가시다.

199

☐ ☐ ☐ **aufziehen**
(동물을) 기르다

Wir _____ zwei Zwergpudel
_____.
우리는 토이 푸들을 두 마리 기른다.

200

☐ ☐ ☐ **legen**
(알을) 낳다

Die Henne hat grade Eier
_____.
암탉이 방금 알을 낳았다.

Hint **195** Vögel **198** Insekten **199** ziehen, auf **200** gelegt

201

☐
☐ **anpflanzen**
☐ 심다

Sie ▓▓▓▓▓▓ Kräuter in Töpfen
▓▓▓▓▓▓.
그녀는 화분에 허브를 심었다.

202

☐
☐ **der Baum**
☐ 나무

Er klettert gerne auf ▓▓▓▓▓▓.
그는 나무 타기를 좋아한다.

203

☐
☐ **die Blume**
☐ 꽃

Das sind künstliche ▓▓▓▓▓▓.
그것들은 조화이다.

204

☐
☐ **das Blatt**
☐ 잎, 나뭇잎

Bitte kehre die ▓▓▓▓▓▓ im
Garten zusammen.
마당의 나뭇잎들을 쓸어 줘.

205

☐
☐ **der Samen**
☐ 씨, 씨앗

Pflanze die ▓▓▓▓▓▓ hier ein.
그 씨앗들을 땅에 뿌려.

206

☐
☐ **züchten**
☐ (식물을) 재배하다

Tomaten sind einfach zu
▓▓▓▓▓▓.
토마토는 재배하기가 쉽다.

207

☐
☐ **wässern**
☐ 물 주다

Bitte ▓▓▓▓▓▓ die Pflanzen
während ich weg bin.
내가 없는 동안 식물에 물을 줘.

Hint 201 pflanzt, an   202 Bäume   203 Blumen   204 Blätter   207 wässere

208
☐
☐
☐
die Natur
자연

Das ist gegen das ▨▨▨▨ gesetz.

그것은 자연의 법칙에 어긋난다.

209
☐
☐
☐
der Berg
산

Der ▨▨▨▨ ist nicht leicht zu besteigen.

그 산은 오르기가 쉽지 않다.

210
☐
☐
☐
der Fluss
강

Meine Wohnung liegt über dem ▨▨▨▨.

나의 아파트에서는 강이 내려다보인다.

211
☐
☐
☐
der Wald
숲

Wir haben uns im ▨▨▨▨ verirrt.

그들은 숲 속에서 길을 잃었다.

212
☐
☐
☐
das Feld
들판, 밭

Schau dir das Weizen ▨▨▨▨ an.

저 밀밭을 봐.

213
☐
☐
☐
die Wüste
사막

Dieser Ort war mal eine ▨▨▨▨.

이곳은 예전에 사막이었다.

214
☐
☐
☐
die Insel
섬

Japan ist ein ▨▨▨▨ staat.

일본은 섬나라이다.

Hint **214** Insel(staat)

das Hündchen 강아지

das Kätzchen 새끼 고양이

die Ente 오리

der Hase 토끼

der Hamster 햄스터

der Affe 원숭이

der Bär 곰

der Wal 고래

der Elefant 코끼리

die Schlange 뱀

die Schildkröte 거북

der Löwe 사자

das Nilpferd 하마

das Krokodil 악어

der Hai 상어

ein wildes Tier 야생 동물

die Rose 장미

die Lilie 백합

die Sonnenblume 해바라기

die Tulpe 튤립

die Eiche 참나무

die Pinie 소나무

der Ahornbaum 단풍나무

der Kaktus 선인장

das Unkraut 잡초

die Wurzel 뿌리

der Stamm 줄기(=der Stiel)

der Kontinent 대륙

das Land 땅, 육지

der Ozean 대양, 바다

der See 호수

die Obstplantage 과수원

der Hügel 언덕

die Weide 목초지

미니 테스트

단어 암기 동영상을
보면서 복습하세요

1 다음 단어의 뜻을 적어 보세요.

1 der Samen _____   2 der Wald _____

3 der Fluss _____   4 anpflanzen _____

5 aufziehen _____   6 das Feld _____

2 다음 뜻을 독일어로 써 보세요.

1 벌레, 곤충 _____   2 산 _____

3 (알을) 낳다 _____   4 물고기 _____

5 섬 _____   6 (식물을) 재배하다 _____

3 독일어와 우리말 뜻을 알맞게 연결해 보세요.

1 애완동물 •   ① die Blume

2 자연 •   ② die Wüste

3 잎, 나뭇잎 •   ③ die Natur

4 사막 •   ④ das Haustier

5 꽃 •   ⑤ das Blatt

1 1. 씨, 씨앗 2. 숲 3. 강 4. 심다 5. (동물을) 기르다 6. 들판, 밭 **2** 1. das Insekt 2. der Berg
3. legen 4. der Fisch 5. die Insel 6. züchten **3** 1. ④ 2. ③ 3. ⑤ 4. ② 5. ①

우리 집

🎧 MP3를 들어보세요

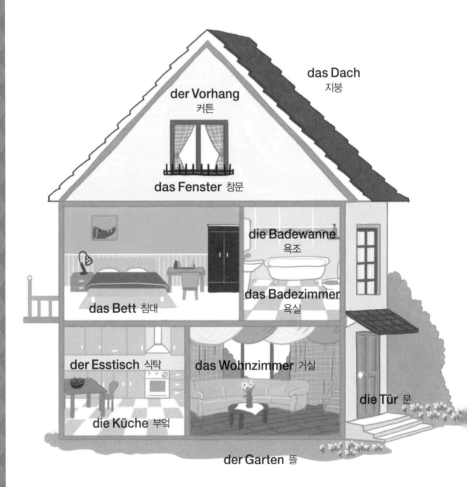

das Dach
지붕

der Vorhang
커튼

das Fenster 창문

die Badewanne
욕조

das Badezimmer
욕실

das Bett 침대

der Esstisch 식탁

das Wohnzimmer 거실

die Küche 부엌

die Tür 문

der Garten 뜰

215

das Haus
집

Mein _____ ist nicht weit weg von hier.
우리 집은 여기에서 멀지 않아요.

216

das Zimmer
방

Ich will mein eigenes _____.
제 방을 가지고 싶어요.

217

die Tür
문

Mach die _____ bitte leise zu.
문을 살살 닫아.

218

das Fenster
창문

Das Zimmer hat keine _____.
그 방은 창문이 없다.

219

der Garten
정원

Ich möchte ein Haus mit _____.
정원이 있는 집을 원해요.

220

wohnen in
~에 살다, 거주하다

Sie _____ _____ Souterrain.
그들은 지하실에서 산다.

221

die Möbel
🄿 가구

Die _____ sehen teuer aus.
가구가 전부 비싸 보이네요.

Hint 220 wohnen, im   221 Möbel

222
☐
☐ **die Wand**
☐ 벽, 담

Wer hat ein Loch in die
gemacht?
누가 벽에 구멍을 냈니?

223
☐
☐ **das Dach**
☐ 지붕, 옥상

Wir haben einen Garten auf dem
.
우리 집에는 옥상 정원이 있다.

224
☐
☐ **die Decke**
☐ 천장

Die ist hoch.
그 천장은 높다.

225
☐
☐ **der Boden**
☐ 바닥

Ich mag Holz lieber.
저는 목재 바닥을 선호해요.

226
☐
☐ **bauen**
☐ (건물을) 짓다

Wann wurde dieses Haus
?
이 집은 언제 지어졌어요?

227
☐
☐ **umziehen**
☐ 이사하다

Wir nächsten Monat
.
우리는 다음 달에 이사해요.

228
☐
☐ **die Adresse**
☐ 주소

Kann ich deine
haben?
집 주소를 말해 줄래?

Hint 225 boden 226 gebaut 227 ziehen, um

229
☐
☐
☐ **die Miete**
집세

Wie hoch ist die ⬜⬜⬜ für dieses Haus?

이 집은 집세가 얼마예요?

230
☐
☐
☐ **das Gebäude**
건물, 빌딩

Dieses ⬜⬜⬜ ist nah am Bahnhof.

이 건물은 역에서 가까워요.

231
☐
☐
☐ **die Treppe**
계단

Die ⬜⬜⬜ ist steil.

계단이 가파르네요.

232
☐
☐
☐ **der Aufzug**
엘리베이터

Lass uns den ⬜⬜⬜ nehmen.

엘리베이터를 타자.

233
☐
☐
☐ **der Parkplatz**
주차장

Wo ist der ⬜⬜⬜ ?

주차장이 어디예요?

234
☐
☐
☐ **die Rechnung**
고지서, 청구서

Wann ist die Wasser ⬜⬜⬜ fällig?

언제까지 수도 요금을 내야 해요?

235
☐
☐
☐ **die Nachbarschaft**
동네

Gibt es einen guten Zahnarzt in der ⬜⬜⬜ ?

이 동네에 괜찮은 치과가 있나요?

Hint **234** (Wasser)rechnung

 집 안에서 볼 수 있는 물건

 침실

die Kommode	서랍장	der Nachttisch	(침대 옆) 협탁
das Kissen	베개	die Heizdecke	전기요
der Einbauschrank	붙박이장	die Nachttischlampe	(침대 옆) 램프
das Laken	(침대) 시트	die Fensterläden	블라인드
die Frisierkommode	화장대	der Wecker	자명종
die Decke	담요	der Luftbefeuchter	가습기

욕실

die Badewanne	욕조	der Wasserhahn	수도꼭지
die Seife	비누	die Zahnseide	치실
die Dusche	샤워기, 샤워실	das Handtuch	수건
das Shampoo	샴푸	die Interdentalbürste	치간 칫솔
das Waschbecken	세면대	der Föhn	헤어드라이어
die Zahnpasta	치약	das Mundwasser	구강 청징제
die Toilette	변기	der Kamm	빗
die Zahnbürste	칫솔	der Rasierer	면도기

 거실

das Sofa	(2–3인용) 소파	der Teppich	카펫, 양탄자
an der Wand angebrachter Fernseher	벽걸이 텔레비전	der Kamin	벽난로
der Sessel	(1인용) 소파	das Bücherregal	책장
das Kissen	쿠션	die Lampe	램프
der Kaffeetisch	(거실용) 탁자	der Teppich (=der Vorleger)	깔개, 작은 카펫

 부엌

der Kühlschrank	냉장고	der Mixer	믹서
das Messer	칼	die Mikrowelle	전자레인지
das Tiefkühlfach	냉동고	der Toaster	토스터
das Schneidebrett	도마	der Ofen	오븐
die Spüle	개수대	der Teller	접시
der Topf	냄비	die Spülmaschine	식기 세척기
der Gasherd	가스레인지	die Schüssel	볼, 그릇
die Pfanne	프라이팬	der Schrank	수납장
Elektrischer Herd	전기레인지	das Tablett	쟁반

das Haus 집, 가정

die Vordertür 대문, 현관문

die Hintertür 뒷문

niedrig 낮은

das Hochhaus 고층 건물

das Mehrfamilienhaus 아파트

die Veranda 베란다

das Esszimmer 식당

das Souterrain 지하실

die Garage 차고

der Dachboden 다락방

der Schornstein 굴뚝

der Briefkasten 우편함

die Türklingel 초인종

der Feueralarm 화재 경보기

der Zaun 울타리

die Tapete 벽지

die Steckdose 콘센트

der Hauseigentümer 집주인

der Mieter 세입자

die Monatsmiete 월세

der Wachmann 경비원

der Bewohner 거주인, 주민

leerstehend 사람이 안 사는

die Vorstadt 근교

die Stadt 도시

das Stadtzentrum 도심, 시내

das Land 시골

entwerfen 설계하다

dekorieren 꾸미다, 장식하다

renovieren 보수하다

abreißen 철거하다

der Immobilienmakler 부동산 중개인

das Immobilienmaklerbüro
부동산 중개소

 **미니 테스트**

단어 암기 동영상을 보면서 복습하세요

1 다음 단어의 뜻을 적어 보세요.

1 die Miete _____ 2 die Wand _____

3 das Fenster _____ 4 die Nachbarschaft _____

5 die Decke _____ 6 das Gebäude _____

2 다음 뜻을 독일어로 써 보세요.

1 가구 _____ 2 주차장 _____

3 계단 _____ 4 ~에 살다, 거주하다 _____

5 주소 _____ 6 바닥 _____

3 독일어와 우리말 뜻을 알맞게 연결해 보세요.

1 이사하다   ·   ① die Rechnung

2 정원   ·   ② das Zimmer

3 고지서, 청구서 ·   ③ das Dach

4 지붕, 옥상   ·   ④ der Garten

5 방   ·   ⑤ umziehen

1 1. 집세 2. 벽, 담 3. 창문 4. 동네 5. 천장 6. 건물, 빌딩 **2** 1. die Möbel 2. der Parkplatz 3. die Treppe 4. wohnen in 5. die Adresse 6. der Boden **3** 1. ⑤ 2. ④ 3. ① 4. ③ 5. ②

식생활

🎧 MP3를 들어보세요

der Saft
주스

die Milch
우유

die Frühstücksflocken
시리얼

der Salat
샐러드

die Tomate
토마토

der Schinken
햄

das Brötchen
(작은)빵

der Speck
베이컨

die Wurst
소시지

das Spiegelei
달걀

der Kaffee
커피

236

☐
☐ **das Essen**
☐ 음식, 식사

Wollen wir zum 🖉 _____ ausgehen?
밥 먹으러 나갈까요?

237

☐
☐ **das Frühstück**
☐ 아침밥

Ich esse nie _____ .
나는 아침밥을 안 먹는다.

238

☐
☐ **das Mittagessen**
☐ 점심밥

Das _____ geht auf mich.
점심밥은 내가 살게요.

239

☐
☐ **das Abendessen**
☐ 저녁밥

Ich habe noch kein _____ gegessen.
아직 저녁밥을 못 먹었어요.

240

☐
☐ **die Diät**
☐ 식단, 다이어트

Du brauchst keine _____ machen.
너는 다이어트를 할 필요가 없어.

241

☐
☐ **die Speisekarte**
☐ 메뉴, 메뉴판

Könnten wir bitte die _____ haben?
메뉴판 좀 주실래요?

242

☐
☐ **die Suppe**
☐ 수프, 국, 탕

Ich mag koreanische Hühner _____ gerne.
나는 한국식 치킨 수프를 좋아한다.

Hint **242** (Hühner)suppe

243

das Brot

빵

Sie ist verrückt nach ⬛⬛⬛.

그녀는 빵을 진짜 좋아해요.

244

der Nachtisch

디저트, 후식

Was gibt es als ⬛⬛⬛?

후식은 뭐예요?

245

das Gemüse

채소

Iss bitte mehr ⬛⬛⬛.

채소를 더 많이 먹어.

246

die Frucht

과일

In ⬛⬛⬛ saft ist zu viel Zucker.

과일 주스에는 설탕이 과도하게 들어 있어요.

247

Bio

유기농

Sind das hier ⬛⬛⬛-Äpfel?

이 사과들은 유기농인가요?

248

das Rezept

조리법

Kannst du mir das ⬛⬛⬛ geben?

그 조리법 좀 알려 줄래?

249

trinken

마시다

Du solltest mehr Wasser ⬛⬛⬛.

물을 더 마셔야 해.

Hint 246 Frucht(saft)

082

250

☐
☐
☐
probieren
~한 맛이 나다

Magst du mal die Suppe
██████████████?
이 국 맛 좀 볼래?

251

☐
☐
☐
der Geschmack
맛

Dieses Brötchen hat einen guten
██████████.
이 빵은 맛이 있다.

252

☐
☐
☐
leicht angebraten
(스테이크를) 살짝 익힌

Ich möchte mein Steak bitte
██████████ ██████████.
제 스테이크를 살짝 익혀 주세요.

253

☐
☐
☐
der Snack
간식

Ich bereite einen ██████████ für
dich vor.
간식을 준비해 둘게.

254

☐
☐
☐
lecker
맛있는

Es ist alles ██████████.
음식이 다 맛있네요.

255

☐
☐
☐
süß
(맛이) 단, 달콤한

Ich liebe ██████████!
저는 단것을 좋아해요.

256

☐
☐
☐
salzig
(맛이) 짠

Die Chips sind zu ██████████.
감자 칩이 너무 짜다.

Hint 255 Süßes

Tip 자주 먹는 과일, 채소, 생선, 음료, 주류

 과일

der Apfel	die Melone	die Kiwi	die Birne
사과	멜론	키위	배

die Orange	die Mango	der Pfirsich	die Weintraube
오렌지	망고	복숭아	포도

die Kirsche	die Banane	die Pflaume	die Erdbeere
체리	바나나	자두	딸기

 채소

die Kartoffel	der Mais	der Brokkoli	der Spinat
감자	옥수수	브로콜리	시금치

die Tomate	die Bohne	die Aubergine	die Möhre
토마토	콩	가지	당근

der Salat	das Radieschen	der Sellerie	der Pilz
상추	무	샐러리	버섯

der Kohl	der Knoblauch	der Ingwer	die Zwiebel
양배추	마늘	생강	양파

육류

das Rindfleisch 소고기	**das Steak** 스테이크	**das Schweinefleisch** 돼지고기	**das Grillfleisch** 구이용 고기
das Hähnchenfleisch 닭고기	**die Rippchen** 갈비	**das Lammfleisch** 양고기	**die Wurst** 소시지

해산물

der Lachs 연어	**die Forelle** 송어	**der Tintenfisch** 오징어	**der Tunfisch** 참치
der Schwertfisch 황새치	**die Muschel** 조개	**der Hering** 청어	**der Shrimp** 새우
die Krabbe 게	**die Sardelle** 멸치	**die Auster** 굴	**der Hummer** 바닷가재

음료, 주류

das Wasser 물	**die Limonade** 레모네이드	**die Cola** 콜라	**der Tee** 차
der Softdrink 탄산음료	**der Wein** 와인	**das Bier** 맥주	**der Cocktail** 칵테일

die **Essgewohnheit** 식습관

das **Gericht** 요리

die **Vorspeise** 전채요리

das **Hauptgericht** 주요리

die **Nebenspeise** 곁들임 요리

das **Fleisch** 육류

die **Meeresfrüchte** 해산물

sich **überfressen** 과식하다

zum **Essen ausgehen** 외식하다

die **Spezerei** 양념, 향신료

der **Zucker** 설탕

das **Salz** 소금

der **Vegetarier** /
die **Vegetarierin** 채식주의자

das **Fast Food** 패스트푸드

das **Junk Food** 정크 푸드

backen 빵을 굽다

kochen 삶다, 끓이다

braten 볶다, 지지다

dämpfen 찌다

räuchern 훈제된

bitter (맛이) 쓴

gut durch, durchgebraten
(스테이크를) 바짝 익힌

달걀 조리법에 대한 표현

Rührei 스크램블 된, 휘저어 익힌 계란

reidseitig gebratenes Ei
한쪽은 바짝 익히고 다른 쪽은 뒤집어서 살짝만 익힌 계란

Spiegelei
한쪽만 익히고 노른자가 있는 쪽은 익히지 않은 계란

pochiertes Ei 수란

gebratenes Ei 프라이한 계란

hartgekochtes Ei 완숙한 계란

weichgekochtes Ei 반숙한 계란

Omelett 오믈렛

미니 테스트

1 다음 단어의 뜻을 적어 보세요.

1 die Diät _____

2 leicht angebraten _____

3 probieren _____

4 das Rezept _____

5 salzig _____

6 das Frühstück _____

2 다음 뜻을 독일어로 써 보세요.

1 (맛이) 단, 달콤한 _____

2 메뉴, 메뉴판 _____

3 저녁밥 _____

4 과일 _____

5 후식 _____

6 맛있는 _____

3 독일어와 우리말 뜻을 알맞게 연결해 보세요.

1 채소 •

① der Snack

2 간식 •

② Bio

3 밥, 식사 •

③ das Brot

4 유기농 •

④ das Gemüse

5 빵 •

⑤ das Essen

1 1. 식단, 다이어트 2. (스테이크를) 살짝 익힌 3. ~한 맛이 나다 4. 조리법 5. (맛이) 짠 6. 아침밥
2 1. süß 2. die Speisekarte 3. das Abendessen 4. die Frucht 5. der Nachtisch 6. lecker **3** 1. ④
2. ① 3. ⑤ 4. ② 5. ③

의복과 미용

🎧 MP3를 들어보세요

der Hut 모자

die Brille 안경

die Krawatte 넥타이

die Armbanduhr 손목시계

die Jacke 재킷

die Hose 바지

die Tasche 가방

die Schuhe 구두

257

die Anziehsachen
🄿 옷

Ich habe keine sauberen
[_____].

깨끗한 옷이 하나도 없어요.

258

anziehen
입고 있다, 신고 있다, 쓰고 있다

Es ist egal, was du [_____].

무엇을 입고 있는지는 중요하지 않아.

259

aufsetzen
~을 입다, 신다, 쓰다

Ich muss mir meine Brille
[_____].

안경을 써야겠어요.

260

ausziehen
~을 벗다

[_____] bitte deine Schuhe
[_____].

신발을 벗어 줘.

261

im Trend sein
유행, 패션

Langstiefel [_____] diesen
Winter [_____].

올 겨울에는 롱부츠가 유행이다.

262

ein Paar
쌍, 벌, 켤레

Dieses [_____] Schuhe kostet
100 Euro.

그 신발은 한 켤레에 100유로예요.

263

die Uniform
제복, 유니폼

Müssen wir eine [_____]
tragen?

유니폼을 입어야 하나요?

Hint **258** anziehst **260** Zieh, aus **261** sind, im, Trend

264

☐
☐ **die Jeans**
☐ 청바지

Jeder mag ⬚⬚⬚⬚⬚⬚⬚⬚.
모두가 청바지를 좋아한다.

265

☐
☐ **die Socken**
☐ 양말

Er trägt nicht zusammenpassende
⬚⬚⬚⬚⬚⬚⬚⬚.
그는 양말을 짝짝이로 신고 있다.

266

☐
☐ **die Handschuhe**
☐ 장갑

Zieh dir ⬚⬚⬚⬚⬚⬚⬚⬚ an, wenn du
das anfasst.
그것을 만질 때는 장갑을 껴라.

267

☐
☐ **die Brieftasche**
☐ 지갑

Ich habe meine ⬚⬚⬚⬚⬚⬚⬚⬚ im
Taxi liegen gelassen.
지갑을 택시 안에 두고 내렸어요.

268

☐
☐ **neu**
☐ 새, 새로운

Ich brauche keine ⬚⬚⬚⬚⬚⬚⬚⬚
Klamotten.
새 옷은 필요 없어요.

269

☐
☐ **das Juwel**
☐ 보석

Die Diebe haben Bargeld und
⬚⬚⬚⬚⬚⬚⬚⬚ gestohlen.
도둑들은 현금과 보석을 훔쳤다.

270

☐
☐ **die Größe**
☐ 사이즈, 치수

Ist dieser Rock eine ⬚⬚⬚⬚⬚⬚⬚⬚ 55?
이 치마가 55 사이즈인가요?

Hint 268 neuen 269 Juwelen 271 Farben

271

☐
☐
☐
die Farbe
색, 색깔

Ich trage lieber helle ⬛⬛⬛⬛.
저는 밝은 색깔의 옷을 입는 것을 선호해요.

272

☐
☐
☐
anprobieren
~을 입어 보다

Kann ich es ⬛⬛⬛⬛⬛?
그거 입어 봐도 돼요?

273

☐
☐
☐
eng
꽉 끼는

Die Jacke ist ein bisschen
⬛⬛⬛⬛.

이 재킷은 좀 꽉 끼네요.

274

☐
☐
☐
lose
헐렁한, 느슨한

Deine Schnürsenkel sind
⬛⬛⬛⬛.

네 신발 끈이 느슨해졌어.

색깔

- -

rot 빨간색의

blau 파란색의

gelb 노란색의

pink 분홍색의

lila 보라색의

grün 초록색의

weiß 흰색의

schwarz 검정색의

grau 회색의

orange 오렌지색의

dunkelblau 남색의

braun 갈색의

silber 은색의

gold 금색의

beige 베이지색의

275

☐ ☐ ☐ **der Spiegel**
거울

Schauen Sie sich einmal im ▨▨▨▨▨ an.
거울 속의 당신의 모습을 보세요.

276

☐ ☐ ☐ **die Schminke**
화장품

Sie trug keine ▨▨▨▨▨.
그녀는 민낯이었어요.

277

☐ ☐ ☐ **die Frisur**
이발, 커트

Ich mag deine neue ▨▨▨▨▨.
너의 새로운 커트가 마음에 들어.

278

☐ ☐ ☐ **stilvoll**
맵시 있는, 유행을 따르는

Sie möchte ▨▨▨▨▨ aussehen.
그녀는 맵시 있게 보이고 싶어 해요.

279

☐ ☐ ☐ **gut stehen**
잘 어울리다

Ich denke, es wird dir ▨▨▨▨▨ ▨▨▨▨▨.
그게 너에게 잘 어울릴 것 같아.

화장품

- -

das Gesichtswasser 토너

die Wimperntusche 마스카라

die Lotion 로션

das Rouge 블러셔, 볼터치

die Creme 크림

der Lippenstift 립스틱

der Puder 파우더

der Nagellack 매니큐어

die Grundierung 파운데이션

das Parfüm 향수

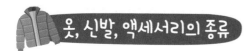
das T-Shirt 티셔츠	**der Pullover** 스웨터	**das Kleid** 원피스	**die Shorts** 반바지
der Mantel 외투	**der Anzug** 양복	**der Jogginganzug** 운동복	**das Hemd** 와이셔츠
der Rollkragenpullover 터틀넥, 목폴라	**das Abenkleid** 드레스	**der Rock** 치마	**der Schlafanzug** 잠옷
die Bluse 블라우스	**die Strickjacke** 카디건	**der Smoking** 턱시도	**der Regenmantel** 비옷
der Badeanzug 수영복	**der Anorak** 파카	**der Kapuzenpullover** 후드 티셔츠	**die Weste** 조끼
das (Baseball) Käppi 야구 모자	**der Schal** 목도리	**der Turnschuh** 운동화	**der Stiefel** 부츠

 플러스 단어

die Anziehsachen ⓟ 의류

der Stoff 천

die Unterwäsche 속옷

der Ärmel 소매

der Kragen 옷깃, 칼라

die Tasche 주머니

der Gürtel 벨트

der Reißverschluss 지퍼

der Knopf 단추

karomuster 격자무늬의

gepunktet 물방울무늬의

blumenmuster 꽃무늬의

kariert 체크무늬의

gestreift 줄무늬의

die Ankleide 탈의실

der Friseursalon 미용실

der Herrensalon 이발소

der Coiffeur 이발사

die Haarpflege 머리 손질

das Haarband 머리띠

schneiden 다듬다, 손질하다

die Dauerwelle 파마

die Hautpflege 피부 관리

die Massage 마사지, 마사지하다

das Nagelstudio 네일숍

das Accessoire 액세서리, 장신구

der Ohrring 귀걸이

die Halskette 목걸이

der Ring 반지

das Armband 팔찌

das Muster 패턴, 문양

in Mode 유행을 따르는

der Stil 스타일

미니 테스트

단어 암기 동영상을
보면서 복습하세요

1 다음 단어의 뜻을 적어 보세요.

1 anprobieren _____ 2 das Juwel _____

3 ausziehen _____ 4 lose _____

5 ein Paar _____ 6 die Socken _____

2 다음 뜻을 독일어로 써 보세요.

1 장갑 _____ 2 잘 어울리다 _____

3 옷 _____ 4 청바지 _____

5 이발, 커트 _____ 6 제복, 유니폼 _____

3 독일어와 우리말 뜻을 알맞게 연결해 보세요.

1 거울 · ① eng

2 맵시 있는, 유행을 따르는 · ② die Brieftasche

3 꽉 끼는 · ③ der Spiegel

4 지갑 · ④ die Farbe

5 색, 색깔 · ⑤ stilvoll

1 1. ~을 입어 보다 2. 보석 3. ~을 벗다 4. 헐렁한, 느슨한 5. 쌍, 벌, 켤레 6. 양말
2 1. die Handschuhe 2. gut stehen 3. die Anziehsachen 4. die Jeans 5. die Frisur 6. die Uniform
3 1. ③ 2. ⑤ 3. ① 4. ② 5. ④

쇼핑

🎧 MP3를 들어보세요

das Einkaufszentrum
백화점

die Boutique
옷 가게

der Baumarkt
철물점

der Supermarkt
슈퍼마켓

der Flohmarkt
벼룩시장

der Wochenmarkt
농산물 직거래 장터

280

☐
☐
☐

das Geschäft

가게, 상점

Alle 🖉 _____ sind zu.

모든 가게가 문을 닫았다.

281

☐
☐
☐

kaufen

사다, 구입하다

Ich habe die Hose für 10 Euro

_____ .

10유로로 주고 이 바지를 샀다.

282

☐
☐
☐

verkaufen

팔다

_____ Sie auch Müllbeutel?

쓰레기 봉투 팔아요?

283

☐
☐
☐

der Preis

가격

Tickets für Kinder kosten den

halben _____ .

어린이 입장권은 반값이다.

284

☐
☐
☐

teuer

값이 비싼

Ich denke, _____
Anziehsachen sind ihren Preis wert.

비싼 옷은 그만한 가치가 있다고 생각한다.

285

☐
☐
☐

günstig

값이 싼, 저렴한

Haben Sie nichts _____ ?

더 싼 것은 없나요?

286

☐
☐
☐

bezahlen

(돈을) 지불하다

Kann ich mit Kreditkarte

_____ ?

신용카드로 지불해도 되나요?

Hint 280 Geschäfte 281 gekauft 284 teure 285 Günstigeres

287	der Kunde / die Kundin 손님, 고객	Sie ist eine unserer Stamm⬛⬛⬛⬛. 그녀는 우리 가게의 단골손님 중 한 명이다.

288	nach ~ suchen ~을 찾다	Wo ⬛⬛⬛ ⬛⬛⬛ Sie? 어떤 것을 찾고 계세요?

289	bestellen 주문하다	Können Sie das für mich ⬛⬛⬛? 그것을 주문해 주실 수 있나요?

290	wie viel 얼마의	⬛⬛⬛ ⬛⬛⬛ kostet es? 그거 얼마예요?

291	das Wechselgeld 잔돈, 거스름돈	Behalten Sie das ⬛⬛⬛. 거스름돈은 안 주셔도 돼요.

292	kosten (비용이) 들다	Das Mittagessen ⬛⬛⬛ 15 Euro pro Person. 점심 값은 1인당 15유로가 든다.

293	das Bargeld 현금	Ich habe nicht so viel ⬛⬛⬛. 현금이 좀 모자라요.

294

☐☐☐ **führen**
(물건을) 취급하다

Wir ▓▓▓▓▓ diese Waren nicht.
우리는 이 상품들을 취급하지 않는다.

295

☐☐☐ **nicht vorrätig haben**
재고가 없다

Dieses Produkt ▓▓▓▓▓ wir
▓▓▓▓▓ ▓▓▓▓▓.
그 제품은 재고가 없다.

296

☐☐☐ **ausverkauft**
다 팔린, 매진된

Es tut mir leid, aber sie sind
▓▓▓▓▓.
죄송합니다만 그것들은 다 팔렸어요.

297

☐☐☐ **der Rabatt**
할인

Haben Sie eine ▓▓▓▓▓ karte?
할인 카드 있으신가요?

298

☐☐☐ **der Beleg**
영수증

Brauchen Sie einen ▓▓▓▓▓?
영수증 필요하세요?

299

☐☐☐ **die Rückerstattung**
환불

Ich hätte gerne hierfür eine
▓▓▓▓▓.
이것을 환불받을 수 있을까요?

300

☐☐☐ **umtauschen**
반품하다

Hast du den Pullover ▓▓▓▓▓?
그 스웨터 반품했어?

Hint 295 haben, nicht, vorrätig　300 umgetauscht

das Outlet 아울렛, 직판점

der Discountladen 할인점

der Einkauf 구매품

die Einkaufsliste 쇼핑 목록

die Steuern 세금

der Euro 유로

die Kreditkarte 신용카드

der Gartenflohmarkt 중고 세일

die Ware 상품

der Großhandel 도매

der Einzelhandel 소매

im Angebot 세일 중인

der Katalog 카탈로그

zu verkaufen 팔려고 내놓은

garantieren 품질을 보장하다

~% günstiger ~% 할인

beschädigt 결함이 있는

der Umtausch 교환

die Lieferung 배달, 배송

das Preisschild 가격표

verpacken 포장하다

angemessen (가격이) 적당한

der Schaufensterbummel 아이쇼핑

der Gutschein 쿠폰

die Kaufsucht 쇼핑 중독

die Werbung 광고

der Ladendieb 가게 좀도둑

der Markt 시장

aussuchen 고르다

 **미니 테스트**

단어 암기 동영상을 보면서 복습하세요

1️⃣ 다음 단어의 뜻을 적어 보세요.

1 der Beleg _____ 2 kosten _____

3 bestellen _____ 4 günstig _____

5 umtauschen _____ 6 nicht vorrätig haben _____

2️⃣ 다음 뜻을 독일어로 써 보세요.

1 손님, 고객 _____ 2 할인 _____

3 다 팔린, 매진된 _____ 4 현금 _____

5 ~을 찾다 _____ 6 (돈을) 지불하다 _____

3️⃣ 독일어와 우리말 뜻을 알맞게 연결해 보세요.

1 잔돈, 거스름돈 ·   ① kaufen

2 반품하다 ·   ② umtauschen

3 값이 비싼 ·   ③ das Wechselgeld

4 취급하다 ·   ④ teuer

5 사다 ·   ⑤ führen

1️⃣ 1. 영수증 2. (비용이) 들다 3. 주문하다 4. 값이 싼, 저렴한 5. 반품하다 6. 재고가 없다 2️⃣ 1. der Kunde / die Kundin 2. der Rabatt 3. ausverkauft 4. das Bargeld 5. nach ~ suchen 6. bezahlen 3️⃣ 1. ③ 2. ② 3. ④ 4. ⑤ 5. ①

Day 15

공부
순서 ☐ MP3 듣기 ➡ ☐ 단어 암기 ➡ ☐ 예문 빈칸 채우기 ➡ ☐ 단어암기 동영상

교통·도로

🎧 MP3를 들어보세요

der Bus 버스

das Taxi 택시

die U-Bahn 지하철

das Fahrrad 자전거

das Flugzeug 비행기

das Boot 배

301 ☐ ☐ ☐
die Straße
도로, 길, 거리

Im Moment ist nichts los auf der
✎　　　　　.
지금은 도로가 한산하다.

---

302 ☐ ☐ ☐
das Auto
차, 자동차

Mit dem 　　　　　 dauert es
länger.
차로 가는 게 더 오래 걸린다.

---

303 ☐ ☐ ☐
Auto fahren
운전하다

Ich kann mich nicht daran
gewöhnen 　　　　　 zu 　　　　　.
운전하는 것에 익숙해지지가 않아요.

---

304 ☐ ☐ ☐
parken
주차하다

Wo kann ich das Auto 　　　　　?
차를 어디에 주차할 수 있어요?

---

305 ☐ ☐ ☐
der Verkehr
교통량, 차량들

Wir stecken im 　　　　　 fest.
우리는 정체된 차량들 속에서 꼼짝도 못했다.

---

306 ☐ ☐ ☐
die Bushaltestelle
버스 정류장

Wo ist die nächste 　　　　　?
가장 가까운 버스 정류장이 어디예요?

---

307 ☐ ☐ ☐
öffentliche Verkehrsmittel
대중교통

Gibt es 　　　　　 　　　　　
in der Nähe?
대중교통은 가까이에 있나요?

308

□
□ die Station
□ 역

Steigen Sie bitte an der nächsten
▓▓▓▓▓ aus.
다음 역에서 내리세요.

309

□
□ der Fahrpreis
□ 요금

Was ist der ▓▓▓▓▓?
요금이 얼마예요?

310

□
□ pünktlich
□ 정시에

Ist der Zug ▓▓▓▓▓?
열차는 정시에 오나요?

311

□
□ der Unfall
□ 사고

Sie wurde in einem Auto
▓▓▓▓▓ verletzt.
그녀는 자동차 사고로 다쳤다.

312

□
□ der Fahrgast
□ 승객

Die ▓▓▓▓▓ beschweren sich.
승객들이 불평을 하고 있다.

313

□
□ der Sitz
□ 좌석

Ist dieser ▓▓▓▓▓ belegt?
여기 자리 있나요?

314

□
□ der / die / das
  nächste
□ 다음의

Was ist die ▓▓▓▓▓
Haltestelle?
다음 정거장은 어디인가요?

Hint 311 unfall 312 Fahrgäste

315
☐
☐
☐
die Ampel
신호등

Gehen Sie geradeaus bis zur
░░░░░░░░░!
신호등까지 쭉 가세요!

316
☐
☐
☐
die Ecke
모퉁이

Fahren Sie an der ░░░░░
bitte nach rechts.
모퉁이에서 우회전해 주세요.

317
☐
☐
☐
überqueren
건너다

░░░░░░░ die Straße und gehe
geradeaus.
길을 건너서 직진해.

318
☐
☐
☐
ankommen
도착하다

Mein Zug ist früher ░░░░░ als
normal.
내가 타는 열차가 평소보다 일찍 왔다.

319
☐
☐
☐
abfahren
떠나다

Wann ░░░░░░ der nächste
Bus ░░░░░?
다음 버스는 언제 떠나나요?

320
☐
☐
☐
weit
(거리가) 먼

Ist es ░░░░░░ von hier?
여기에서 먼가요?

321
☐
☐
☐
der Helm
헬멧

Zieh dir bitte diesen ░░░░░
an.
이 헬멧을 쓰렴.

Hint 317 Überquere 318 angekommen 319 fährt, ab

322
☐☐☐ **spät dran sein**
늦다

Ich ▓▓▓ etwas ▓▓▓
▓▓▓. Bitte beeilen Sie sich.
제가 좀 늦었는데요. 서둘러 주세요.

323
☐☐☐ **verpassen**
놓치다

Ich will den Zug nicht ▓▓▓.
나는 열차를 놓치고 싶지 않아요.

324
☐☐☐ **Verspätung haben**
연착되다

Der Zug ▓▓▓ wie immer
▓▓▓.
열차는 평소와 같이 연착되었다.

325
☐☐☐ **die Karte**
지도

Was suchen Sie auf der ▓▓▓?
지도에서 무엇을 찾나요?

326
☐☐☐ **sich verlaufen**
길을 잃다

Ich glaube, wir haben ▓▓▓
▓▓▓.
우리 길을 잃은 것 같아요.

327
☐☐☐ **die Wegbeschreibung**
길 안내

Das Buch enthält eine genaue
▓▓▓.
그 책은 정확한 길 안내를 가지고 있다.

328
☐☐☐ **warten**
기다리다

Bitte ▓▓▓ Sie hier einen
Moment.
잠시만 여기에서 기다려 주세요.

Hint 322 bin, spat, dran   324 hat, Verspätung   326 uns, verlaufen

gehen (걸어서) 가다	zu Fuß 걸어가다 nach Hause 집에 가다
fahren (자동차 등을 타고) 가다	mit dem Fahrrad 자전거를 타고 가다 mit der Tram 트램을 타고 가다 mit dem Auto 차를 타고 가다 mit dem Zug 기차를 타고 가다 mit dem Taxi 택시를 타고 가다 mit der U-Bahn 지하철을 타고 가다 mit dem Bus 버스를 타고 가다 mit dem Schiff 배를 타고 가다
fliegen (비행기를 타고) 가다, 날다	mit dem Flugzeug 비행기를 타고 가다
nehmen (교통수단을) 잡다, 이용하다	Taxi 택시를 잡다
einsteigen (올라)타다	in den Bus 버스에 오르다
aussteigen 내리다	aus dem Zug 기차에서 내리다
umsteigen 갈아타다, 환승하다	in einen Zug 기차로 갈아타다

das Fahrzeug 탈것

der Fahrer /
die Fahrerin 운전자

der Passant 행인

der Fußgänger 보행자

der Zebrastreifen 횡단보도

die Tankstelle 주유소

die Verkehrspolizei 교통경찰

Alkohol am Steuer 음주운전

der Führerschein 운전면허증

der Stau 교통 정체

der Berufsverkehr 러시아워

der Fahrplan 운행 시간표

die Landkarte 노선도

die Strecke 거리(길이)

der Straßenverkäufer 노점상

abbiegen 방향을 틀다

geradeaus fahren 직진하다

am Steuer 운전 중인

fahren 운행하다

nehmen 잡아타다

der Fußgängerweg 인도, 보도

das Straßenschild 도로 표지판

die Kreuzung 교차로

die Überführung 육교

die Fahrbahn 차선

die Brücke 다리

der Tunnel 터널

die Autobahn 고속도로

die Gleisstrecke 철로

der Bahnsteig 플랫폼, 승강장

der Hafen 항구

das Wartezimmer 대기실

der Terminal 터미널
(=das Flughafengebäude)

 단어 암기 동영상을 보면서 복습하세요

1 다음 단어의 뜻을 적어 보세요.

1 der Fahrpreis _____

2 ankommen _____

3 die Karte _____

4 der Verkehr _____

5 die Station _____

6 der Fahrgast _____

2 다음 뜻을 독일어로 써 보세요.

1 좌석 _____

2 연착되다 _____

3 사고 _____

4 대중교통 _____

5 다음의 _____

6 정시에 _____

3 독일어와 우리말 뜻을 알맞게 연결해 보세요.

1 건너다 ·

① weit

2 늦다 ·

② parken

3 놓치다 ·

③ überqueren

4 (거리가) 먼 ·

④ spät dran sein

5 주차하다 ·

⑤ verpassen

1 1. 요금 2. 도착하다 3. 지도 4. 교통량, 차량들 5. 역 6. 승객 **2** 1. der Sitz 2. Verspätung haben
3. der Unfall 4. öffentliche Verkehrsmittel 5. der/die/das nächste 6. pünktlich **3** 1. ③ 2. ④ 3. ⑤
4. ① 5. ②

은행, 우체국, 편의점에서

🎧 MP3를 들어보세요

die Bank 은행

die Post 우체국

der Kiosk 편의점

verdienen (돈을) 벌다

der Brief 편지

die Lunchbox 도시락

329

☐
☐
☐

die Bank
은행

Ich war schon bei der ✎ _____.
벌써 은행에 다녀왔어요.

330

☐
☐
☐

das Geld
돈

_____ wächst nicht an Bäumen.
돈은 거저 생기지 않는다.

331

☐
☐
☐

der Bankangestellte
(은행) 창구 직원

Wie viele _____ hat diese Bank?
은행에 창구 직원이 몇 명이나 있어요?

332

☐
☐
☐

Geld einzahlen
입금하다

Ich würde gerne _____ _____.
예금을 하고 싶어요.

333

☐
☐
☐

Geld abheben
인출하다

Ich muss etwas Bar _____ _____.
현금을 좀 인출해야 해요.

334

☐
☐
☐

der Personalausweis
신분증

Bring auf jeden Fall Ihren _____ mit.
신분증을 꼭 가져오세요.

335

☐
☐
☐

das Passwort
비밀번호

Ändern Sie Ihr _____ regelmäßig.
비밀번호를 정기적으로 변경하세요.

Hint **333** (Bar)geld, abheben

336

☐
☐
☐

verdienen

돈을 벌다

Wie viel _____ du im Monat?

너는 한 달에 얼마나 버니?

337

☐
☐
☐

sparen

(돈을) 모으다, 저축하다

Ich habe für schwere Zeiten

_____.

나는 어려울 때를 대비해 저축을 하고 있다.

338

☐
☐
☐

das Konto

계좌

Läuft das _____ auf Ihren Namen?

본인 명의의 계좌인가요?

339

☐
☐
☐

an der Reihe sein

차례가 되다

Jetzt _____ ich _____

_____ _____.

이제 제 차례예요.

340

☐
☐
☐

die Zinsen

이자

Die _____ sind nicht sehr hoch.

이자율이 높지 않다.

341

☐
☐
☐

unterschreiben

서명하다

_____ Sie hier, bitte.

여기에 서명해 주세요.

342

☐
☐
☐

der Haushalt

예산

Wir müssen den _____ kürzen.

예산을 감축해야 해요.

Hint **336** verdienst   **337** gespart   **339** bin, an, der, Reihe

343

☐
☐ **der Brief**
☐ 편지

Darf ich den ▓▓▓▓▓▓ lesen?
제가 그 편지를 읽어 봐도 될까요?

344

☐
☐ **die Briefmarke**
☐ 우표

Ich brauche ein paar ▓▓▓▓▓▓.
우표 좀 주세요.

345

☐
☐ **der Umschlag**
☐ 봉투

Der ▓▓▓▓▓▓ war nicht versiegelt.
그 봉투는 봉해져 있지 않았다.

346

☐
☐ **schicken**
☐ 보내다

Kannst du das Päckchen für mich ▓▓▓▓▓▓?
나 대신 소포를 보내 줄래?

347

☐
☐ **bekommen**
☐ 받다

Ich habe eine Postkarte von Kelly ▓▓▓▓▓▓.
나는 Kelly에게서 엽서를 받았다.

348

☐
☐ **das Paket**
☐ 소포

Kann ich das ▓▓▓▓▓▓ selber abholen?
소포를 직접 받아갈 수 있나요?

349

☐
☐ **versenden**
☐ 배송하다

Ihre Bestellung wurde ▓▓▓▓▓▓.
당신이 산 물건이 배송됐어요.

Hint **344** Briemarken   **349** versendet

350

☐
☐ **messen**
☐ 측정하다, (길이, 치수, 양이) ~이다

Die Box ▓▓▓▓▓▓ 20×30
Zentimeter.
상자의 크기는 20×30센티미터이다.

351

☐
☐ **schwer**
☐ 무거운

Wie ▓▓▓▓ ist das Paket?
소포의 무게가 얼마나 나가나요?

352

☐
☐ **leicht**
☐ 가벼운

Die Box ist ▓▓▓▓, als sie
aussieht.
상자가 보기보다 가볍네요.

353

☐
☐ **sich anstellen**
☐ 줄을 서다

Es tut mir leid, Sie müssen
▓▓▓▓ ▓▓▓▓.
죄송하지만 줄을 서 주셔야 해요.

354

☐
☐ **bequem**
☐ 편리한

Der Geldautomat ist ▓▓▓▓.
그 현금입출금기는 편리하다.

355

☐
☐ **die Mitgliedschaft**
☐ 회원, 회원 자격

Kann ich eine ▓▓▓▓ karte
beantragen?
회원 카드를 신청할 수 있나요?

356

☐
☐ **rund um die Uhr**
☐ 24시간 내내, 연중무휴로

Der Laden ist ▓▓▓▓ ▓▓▓▓
▓▓▓▓ geöffnet.
그 가게는 24시간 내내 영업한다.

Hint 350 misst 352 leichter 355 Mitgliedschafts

 지폐

Fünf-Euro-Schein
5유로 지폐

Zehn-Euro-Schein
10유로 지폐

Zwanzig-Euro-Schein
20유로 지폐

Fünfzig-Euro-Schein
50유로 지폐

Hundert-Euro-Schein
100유로 지폐

Zweihundert-Euro-Schein
200유로 지폐

Fünfhundert-Euro-Schein
500유로 지폐

 동전

Ein Cent
1센트

Zwei Cent
2센트

Fünf Cent
5센트

Zehn Cent
10센트

Zwanzig Cent
20센트

Fünfzig Cent
50센트

Ein Euro
1유로

Zwei Euro
2유로

das Bankbuch 통장

der Geldschein 지폐

die Münze 동전

der Scheck 수표

der Wechselkurs 환율

das Online-Banking 인터넷 뱅킹

die Gebühr 수수료

der Geldautomat 현금입출금기

der Tresorraum 귀중품 보관소

der Safe 안전금고

das Sparschwein 돼지저금통

die Notwendigkeit 생필품

Geld überweisen (돈을) 이체하다

das Darlehen 대출금, 융자금

ein Vermögen machen 큰돈을 벌다

die Postleitzahl 우편번호

der Absender 발신인

der Empfänger 수신인

der Briefkasten 우편함

der Briefträger /
die Briefträgerin 우체부

der Paketbote 택배원

die Absenderadresse 반송할 주소

abgestempelt 소인이 찍힌

das Einschreiben 등기우편

die Eilsendung 속달우편

die Postkarte 엽서

die Waage 저울

die Plastiktüte 비닐봉지

die Kundenkarte 적립카드

미니 테스트

단어 암기 동영상을
보면서 복습하세요

1 다음 단어의 뜻을 적어 보세요.

1 der Haushalt _____ 2 messen _____

3 bequem _____ 4 Geld abheben _____

5 der Umschlag _____ 6 rund um die Uhr _____

2 다음 뜻을 독일어로 써 보세요.

1 보내다 _____ 2 계좌 _____

3 차례가 되다 _____ 4 줄을 서다 _____

5 가벼운 _____ 6 소포 _____

3 독일어와 우리말 뜻을 알맞게 연결해 보세요.

1 배송하다 • ① die Briefmarke

2 이자 • ② Geld einzahlen

3 우표 • ③ unterschreiben

4 입금하다 • ④ versenden

5 서명하다 • ⑤ die Zinsen

1 1. 예산 2. 측정하다, (길이, 치수, 양이) ~이다 3. 편리한 4. 인출하다 5. 봉투 6. 24시간 내내, 연중무휴
로 **2** 1. schicken 2. das Konto 3. an der Reihe sein 4. sich anstellen 5. leicht 6. das Paket
3 1. ④ 2. ⑤ 3. ① 4. ② 5. ③

병원에서

🎧 MP3를 들어보세요

das Krankenhaus 병원

die Erkältung 감기

das Fieber 열

die Spritze 주사

die Medizin 약

der Kratzer 찰과상

357 das Krankenhaus
병원

Kinder hassen es, ins 🖊 [_____]
zu gehen.
아이들은 병원 가는 것을 아주 싫어한다.

358 der Arzt /
die Ärztin
의사

Was hat dein [_____] gesagt?
의사가 뭐라고 그랬어?

359 der Patient /
die Patientin
환자

Der [_____] hat die
Behandlung aufgegeben.
그 환자는 병원 치료를 포기했다.

360 die Medizin
약

Nehmen Sie die [_____] vor
der Mahlzeit ein.
이 약은 식전에 드세요.

361 krank
아픈

Ich bin schon einen Monat lang
[_____].
한 달째 아파요.

Tip 진료 과목에 따른 의사

Chirurg(in)   외과 의사

Schönheitschirurg(in)   성형외과 의사

Psychiater(in)   정신과 의사

Geburtshelfer(in)   산과 의사

Frauenarzt / Frauenärztin   부인과 의사

Zahnarzt / Zahnärztin   치과 의사

Kinderarzt / Kinderärztin   소아과 의사

Hautarzt / Hautärztin   피부과 의사

362
☐ ☐ ☐
die Gesundheit
건강

Er ist wegen seiner schlechten ▓▓▓▓▓▓ in Rente gegangen.
그는 건강이 나빠서 퇴직했다.

363
☐ ☐ ☐
schläfrig
졸린

Ich wurde plötzlich ▓▓▓▓▓▓.
갑자기 잠이 쏟아졌어요.

364
☐ ☐ ☐
das Problem
문제

Hattest du dieses ▓▓▓▓▓▓ schon einmal?
전에도 이런 문제가 있었나요?

365
☐ ☐ ☐
die Krankenschwester
간호사

Soll ich die ▓▓▓▓▓▓ rufen?
간호사를 불러야 할까요?

366
☐ ☐ ☐
wehtun
다치게 하다, 아프다

Mein Kopf ▓▓▓▓▓▓ ▓▓▓▓▓▓.
머리가 아파요.

367
☐ ☐ ☐
der Schmerz
고통, 통증

Ich habe ▓▓▓▓▓▓ in meinem Knie.
무릎에 통증이 있어요.

368
☐ ☐ ☐
schwach
약한, 허약한

Sie ist zu ▓▓▓▓▓▓ um zu sprechen.
그녀는 말을 못할 정도로 약해져 있다.

Hint **366** tut, weh **367** Schmerzen **369** (Herz)krankheit

369

die Krankheit

병, 질병

Mein Hund ist an einer Herz gestorben.

그의 개는 심장병으로 죽었다.

370

erleiden

(질병으로) 고통을 느끼다

Sie wird keine Schmerzen .

그녀는 어떤 고통도 느끼지 못할 거예요.

371

die Zahnschmerzen

치통

Ich habe .

치통이 있어요.

372

der Termin

(진료) 약속, 예약

Ich möchte meinen absagen.

진료 약속을 취소하고 싶어요.

 증상을 나타내는 표현

----

eine Erkältung haben 감기에 걸리다

Magenschmerzen haben 위가 아프다

Halsschmerzen haben 목이 아프다

Fieber haben 열이 나다

einen Schnupfen haben 콧물이 나다

Nasenbluten haben 코피가 나다

Durchfall haben 설사가 나다

schwindlig sein 어지럽다

jucken 가렵다

einen Krampf haben 쥐가 나다

einen Muskel zerren 근육이 결리다

sich° das Handgelenk verstauchen 팔목이 비틀리다

mit dem Fuß umknicken 발목을 삐다

die Dauerblutung 지속되는 출혈

373
□
□
□
sich erholen
회복하다

Ich hoffe, dass du ▨▨▨▨ bald ▨▨▨▨.
어서 회복하길 바라.

374
□
□
□
das Ergebnis
결과

Ihre Test ▨▨▨▨ sind gut.
검사 결과는 양호해요.

375
□
□
□
allergisch
알레르기가 있는

Ich bin ▨▨▨▨ auf Erdnüsse.
저는 땅콩 알레르기가 있어요.

376
□
□
□
in Ordnung
괜찮은

Bist du ▨▨▨▨ ▨▨▨▨?
괜찮니?

377
□
□
□
der Stress
스트레스

Ich habe viel ▨▨▨▨.
스트레스를 많이 받고 있어요.

378
□
□
□
die Heilmethode
치료제

Gibt es eine ▨▨▨▨ für diese Krankheit?
그 병에 대한 치료제는 있나요?

379
□
□
□
atmen
숨 쉬다, 호흡하다

▨▨▨▨ Sie tief ein.
심호흡을 해 보세요.

Hint 373 dich, erholst   374 (Test)ergebnisse

380

☐
☐
☐
die Infektion
감염

Die _____ hat sich bis zu ihrem Gehirn ausgebreitet.

감염이 그녀의 뇌까지 퍼졌다.

381

☐
☐
☐
sich ausruhen
쉬다

Ich muss _____ _____.

좀 쉬어야겠어요.

382

☐
☐
☐
blass
창백한

Du siehst so _____ aus.

너 얼굴이 창백해.

383

☐
☐
☐
das Blut
피, 혈액

Sie wurde durch den _____ verlust ohnmächtig.

그녀는 출혈 때문에 의식을 잃었다.

384

☐
☐
☐
die Verletzung
부상

Der Radfahrer entging nur knapp einer _____.

오토바이 운전자는 가까스로 부상을 면했다.

385

☐
☐
☐
Sport treiben
운동하다

Du musst mehr _____ _____.

너는 운동을 더 해야 해.

386

☐
☐
☐
entspannen
긴장을 풀다, 이완시키다

_____ deine Muskeln.

어깨 근육을 이완시키렴.

Hint 381 mich, ausruhen   386 Entspann

zum Arzt gehen 병원에 가다

zum Zahnarzt gehen 치과에 가다

der Krankenwagen 구급차

der Notfall 응급 상황

der Erste-Hilfe-Kasten 구급상자

im Krankenhaus 입원 중인

aus dem Krankenhaus
entlassen werden 퇴원하다

untersuchen 검사(진찰)하다

unter ~ leiden ~을 앓다

genesen 낫다

die Behandlung 치료

die Operation 수술

die Vorsorgeuntersuchung
건강 검진

das Symptom 증상

geschwollen 부은

die Diagnose 진단

das Rezept 처방

die Körpertemperatur 체온

der Blutdruck 혈압

der Puls 맥박

die Kopfschmerzen 두통

der Diabetes 당뇨병

der Krebs 암

das Asthma 천식

die Schlaflosigkeit 불면증

die Depression 우울증

der Ausschlag 발진

der Husten 기침

der blaue Fleck 멍

niesen 재채기하다

sich übergeben 토하다

미니 테스트

1 다음 단어의 뜻을 적어 보세요.

1 atmen _____ 2 entspannen _____

3 der Termin _____ 4 erleiden _____

5 die Infektion _____ 6 das Problem _____

2 다음 뜻을 독일어로 써 보세요.

1 괜찮은 _____ 2 결과 _____

3 운동하다 _____ 4 환자 _____

5 고통, 통증 _____ 6 창백한 _____

3 독일어와 우리말 뜻을 알맞게 연결해 보세요.

1 부상 • ① sich erholen

2 약 • ② die Verletzung

3 회복하다 • ③ das Blut

4 병, 질병 • ④ die Krankheit

5 피, 혈액 • ⑤ die Medizin

1 1. 숨 쉬다, 호흡하다 2. 긴장을 풀다, 이완시키다 3. (진료) 약속, 예약 4. (질병으로) 고통을 느끼다 5. 감염
6. 문제 **2** 1. in Ordnung 2. das Ergebnis 3. Sport treiben 4. der Patient / die Patientin 5. der Schmerz
6. blass **3** 1. ② 2. ⑤ 3. ① 4. ④ 5. ③

Day 18

공부 순서 □ MP3 듣기 ➡ □ 단어 암기 ➡ □ 예문 빈칸 채우기 ➡ □ 단어암기 동영상

여행

🎧 MP3를 들어보세요

Deutschland
독일

Frankreich
프랑스

Vereinigte Staaten
미국

Vereinigtes Königreich
영국

China
중국

Italien
이탈리아

387

□
□ **bereisen**
□ 여행하다(=reisen)

Ich will die ganze Welt ✎ .

나는 세계 여행을 하고 싶다.

388

□
□ **das Hotel**
□ 호텔

Hast du ein gebucht?

호텔은 예약했어?

389

□
□ **der Plan**
□ 계획

Der hat sich geändert.

계획에 변경이 있었어요.

390

□
□ **das Programm**
□ 일정

Was steht heute auf deinem
?

오늘 일정이 어떻게 되니?

391

□
□ **der Ort**
□ 장소, 곳

Dieser ist ziemlich
laut.

이곳은 상당히 시끄럽네요.

392

□
□ **besuchen**
□ 방문하다

Welche Länder hast du in Europa
?

유럽에서는 어떤 나라를 방문했어?

393

□
□ **die Fremdsprache**
□ 외국어

Sprichst du irgendwelche
?

할 줄 아는 외국어가 있니?

Hint **392** besucht   **393** Fremdsprachen

394

☐
☐ **bleiben**
☐ 머물다

Wie lange wollen Sie hier
⬛⬛⬛⬛⬛⬛⬛?
얼마나 머무실 건가요?

395

☐
☐ **die Reservierung**
☐ 예약

Wir haben eine ⬛⬛⬛⬛⬛⬛ für 18
Uhr.
저녁 6시로 예약을 했는데요.

396

☐
☐ **die Feiertage**
☐ ⓟ휴가, 휴일

Ich freue mich schon auf die
Weihnachts⬛⬛⬛⬛⬛.
크리스마스 휴가를 고대하고 있어요.

397

☐
☐ **im Ausland**
☐ 해외에

Ich war noch nie ⬛⬛⬛⬛⬛⬛
⬛⬛⬛⬛⬛⬛.
나는 전에 해외에 나가 본 적이 한 번도 없다.

398

☐
☐ **die Kamera**
☐ 카메라

Hast du eine ⬛⬛⬛⬛⬛ dabei?
카메라 갖고 왔어?

399

☐
☐ **die Erfahrung**
☐ 경험

Ich habe dort wertvolle
⬛⬛⬛⬛⬛⬛ gesammelt.
저는 그곳에서 소중한 경험을 했어요.

400

☐
☐ **die Gepflogenheit**
☐ 풍습, 관습

Du solltest dich den lokalen
⬛⬛⬛⬛⬛⬛ anpassen.
현지의 풍습을 따라야 해.

Hint 396 (Weihnachts)feiertage 399 Erfahrungen 400 Gepflogenheiten

401

☐
☐
☐

empfehlen
추천하다

Kannst du ein gutes Café ▨▨▨ ?
좋은 카페를 추천해 줄래?

402

☐
☐
☐

das Festival
축제

Das Bier-▨▨▨ findet im Juli statt.
그 맥주 축제는 7월에 열린다.

403

☐
☐
☐

die Landschaft
경치, 풍경

Wir waren von der wunderschönen ▨▨▨ bezaubert.
우리는 그곳의 아름다운 경치에 감동을 받았다.

404

☐
☐
☐

führen
안내하다

Er ▨▨▨ sie ins Museum.
그는 그들을 박물관으로 안내합니다.

405

☐
☐
☐

aufheben
취소하다

Ich möchte meine Reservierung ▨▨▨ .
예약을 취소하고 싶어요.

406

☐
☐
☐

traditionell
전통적인

Dies ist die ▨▨▨ Thai-Küche.
이것은 전통 태국 요리이다.

407

☐
☐
☐

das Mitbringsel
기념품

Wie wäre es mit einem Schlüsselanhänger als ▨▨▨ ?
기념품으로 열쇠고리는 어때요?

Hint 406 traditionelle

die Reise 여행

der Ausflug 여행

der / die Reisende 여행자

die geführte Tour 가이드 관광

die Pauschalreise 패키지 관광

der Tourist 관광객

das Reisebüro 여행사

die Touristenattraktion 관광명소

einheimisch 현지의

der Ausländer 외국인

die Welt 세계

die Tradition 전통

der Tourismus 관광산업

die Währung 통화

die Übersee 해외

die Botschaft 대사관

das Konsulat 영사관

autokrank sein 차멀미가 나다

seekrank sein 뱃멀미가 나다

Rucksackurlaub machen 배낭여행을 가다

Sehenswürdigkeiten besichtigen 관광하다

anziehend 매력적인

eindrucksvoll 장관인

die Erinnerung 추억

abzocken 바가지를 씌우다

einchecken 입실하다

auschecken 퇴실하다

der Wasserfall 폭포

der Park 공원

der Palast 궁전

das Schloss 성

das Museum 박물관

packen 짐을 꾸리다

auspacken 짐을 풀다

미니 테스트

 단어 암기 동영상을
보면서 복습하세요

1 다음 단어의 뜻을 적어 보세요.

1 der Plan _____   2 empfehlen _____

3 das Mitbringsel _____   4 im Ausland _____

5 die Fremdsprache _____   6 führen _____

2 다음 뜻을 독일어로 써 보세요.

1 일정 _____   2 취소하다 _____

3 머물다 _____   4 휴가, 휴일 _____

5 축제 _____   6 풍습, 관습 _____

3 독일어와 우리말 뜻을 알맞게 연결해 보세요.

1 경치, 풍경   •   ① die Erfahrung

2 경험   •   ② die Landschaft

3 예약   •   ③ traditionell

4 전통적인   •   ④ der Ort

5 장소, 곳   •   ⑤ die Reservierung

1 1. 계획 2. 추천하다 3. 기념품 4. 해외 5. 외국어 6. 안내하다 **2** 1. das Programm 2. aufheben
3. bleiben 4. die Feiertage 5. das Festival 6. die Gepflogenheit **3** 1. ② 2. ① 3. ⑤ 4. ③ 5. ④

공항에서

🎧 MP3를 들어보세요

der Flughafen 공항

der Flug 비행

der Reisepass 여권

das Ticket
티켓, 탑승권

das Gepäck
짐, 화물

das Flugpersonal
승무원

408
- der Flughafen
  공항

Ich bringe ihn zum 🖉 ▨▨▨▨▨.
제가 그분을 공항까지 차로 모셔다드릴게요.

409
- der Flug
  비행, 비행편, 비행기

Hab einen guten ▨▨▨▨▨!
즐거운 비행 되렴!

410
- buchen
  예약하다

Ich habe heute einen Flug
▨▨▨▨▨.
난 오늘 비행기를 예약했어.

411
- das Ticket
  표, 탑승권

Zwei Rundreise-▨▨▨▨▨ nach
LA, bitte.
LA행 왕복표 두 장 주세요.

412
- bestätigen
  확인하다, 확정하다

Ich rufe an, um meine Reservierung
zu ▨▨▨▨▨.
예약을 확인하려고 전화드렸는데요.

413
- das Gepäck
  짐, 화물

Können Sie mir mit meinem
▨▨▨▨▨ helfen?
제 짐 옮기는 거 도와줄 수 있나요?

414
- verlieren
  잃어버리다

Ich habe meine Tasche
▨▨▨▨▨.
가방을 잃어버렸어요.

Hint 410 gebucht 414 verloren

415
☐
☐
☐
starten
이륙하다

Das Flugzeug ist pünktlich
▒▒▒▒▒▒▒.
비행기는 정시에 이륙했다.

416
☐
☐
☐
fliegen
날다, 비행기를 타고 가다, 비행하다

Wir ▒▒▒▒▒▒▒ von Seoul nach Jeju.
우리는 서울에서 제주도까지 비행기를 타고 간다.

417
☐
☐
☐
landen
착륙하다, 착륙시키다

Der Pilot hat das Flugzeug sicher
▒▒▒▒▒▒▒.
조종사는 비행기를 안전하게 착륙시켰다.

418
☐
☐
☐
der Gang
통로

Er nahm einen Sitz am ▒▒▒▒▒▒▒.
그는 통로 쪽에 앉았다.

419
☐
☐
☐
der Service
서비스

Der ▒▒▒▒▒▒▒ war wunderbar.
서비스는 훌륭했다.

420
☐
☐
☐
Gepäck aufgeben
(짐을) 부치다

Ich muss mein ▒▒▒▒▒▒▒
▒▒▒▒▒▒▒.
저는 짐을 부쳐야 합니다.

421
☐
☐
☐
ausfüllen
(서식 등을) 작성하다

Bitte ▒▒▒▒▒▒▒ Sie dieses
Formular ▒▒▒▒▒▒▒.
이 서식을 작성해 주세요.

Hint 415 gestartet 417 gelandet 421 füllen, aus 422 eingestiegen 423 Direkt(flug)

422
☐
☐ **einsteigen**
☐ 탑승하다

Sie sind an Gate 3 ▨▨▨▨.
그들은 3번 게이트를 지나 탑승하고 있다.

423
☐
☐ **direkt**
☐ 직항의

Ist es ein ▨▨▨▨ flug?
직항인가요?

424
☐
☐ **der Sicherheitsgurt**
☐ 안전띠

Bitte legen Sie ihren ▨▨▨▨ an.
안전띠를 매 주세요.

425
☐
☐ **die Ansage**
☐ 안내방송

Worum ging es bei der ▨▨▨▨?
무엇에 관한 안내방송이었나요?

426
☐
☐ **abholen**
☐ ~를 마중 나가다

Wer wird ihn ▨▨▨▨?
누가 그를 마중 나갈래요?

입국심사 때 물어보는 말

- -

Darf ich Ihren Reisepass sehen?
여권을 보여 주시겠어요?

Was ist der Grund Ihrer Reise?
방문하신 목적은요?

Wie lange werden Sie hier bleiben?
얼마나 머물 계획이신가요?

Haben Sie etwas zu deklarieren?
신고하실 물건이 있나요?

das Visum 비자

die Fluggesellschaft 항공사

das Reiseziel 목적지

die Flugmeilen 마일리지

der Koffer 여행 가방

das Handgepäck 휴대용 가방

inländisch 국내의

die Bordkarte 탑승권

die Warteliste 대기자 명단

der Ticketschalter 매표소

die Sicherheitskontrolle 보안 검사대

das Gate 탑승구

die Gepäckausgabe 수하물 찾는 곳

der Zoll 세관

die Zollerklärung 세관 신고서

deklarieren 신고하다

ausfüllen 기입하다

der zollfreie Laden 면세점

die Einwanderungskontrolle 출입국 관리소

die Rollbahn 활주로

die Ankunft 도착

die Abfahrt 출발

der Pilot 비행기 조종사

der Steward 남자 승무원

die Stewardess 여자 승무원

der Zwischenstopp 경유, 도중하차

direkt 직항의

einfache Fahrt 편도의

Hin- und Rückfahrt 왕복의

der Fensterplatz 창가 쪽 자리

der mittlere Sitzplatz 가운데 자리

anlegen 꽉 매다

미니 테스트

단어 암기 동영상을 보면서 복습하세요

1 다음 단어의 뜻을 적어 보세요.

1 der Gang _____

2 abholen _____

3 Gepäck aufgeben _____

4 der Flug _____

5 landen _____

6 bestätigen _____

2 다음 뜻을 독일어로 써 보세요.

1 잃어버리다 _____

2 짐, 화물 _____

3 안전띠 _____

4 공항 _____

5 예약하다 _____

6 탑승하다 _____

3 독일어와 우리말 뜻을 알맞게 연결해 보세요.

1 (서식 등을) 작성하다 ·

2 직항의 ·

3 안내방송 ·

4 이륙하다 ·

5 비행기를 타고 가다 ·

① direkt

② starten

③ ausfüllen

④ fliegen

⑤ die Ansage

1 1. 통로 2. ~를 마중 나가다 3. (짐을) 부치다 4. 비행, 비행편, 비행기 5. 착륙하다, 착륙시키다 6. 확인하다, 확정하다 **2** 1. verlieren 2. das Gepäck 3. der Sicherheitsgurt 4. der Flughafen 5. buchen 6. einsteigen **3** 1. ③ 2. ① 3. ⑤ 4. ② 5. ④

Day 20

공부 순서 ☐ MP3 듣기 ➡ ☐ 단어 암기 ➡ ☐ 예문 빈칸 채우기 ➡ ☐ 단어암기 동영상

취미 생활

🎧 MP3를 들어보세요

Klavier spielen
피아노를 치다

ins Kino gehen
영화관에 가다

Musik hören
음악을 듣다

ein Lied singen
노래를 부르다

ein Bild malen
그림을 그리다

ein Buch lesen
책을 읽다

427

das Hobby
취미

Was ist dein ✎ _____ ?
너의 취미는 뭐니?

428

Lieblings-
가장 좋아하는 ~

Fischen ist seine
_____ beschäftigung.
낚시는 그가 가장 좋아하는 여가 활동이다.

429

verbringen
(시간을) 보내다

Wir _____ das Wochenende
damit, unser Haus zu reparieren.
우리는 집수리를 하면서 주말을 보냈다.

430

die Freizeit
여가 시간

Was machst du in deiner
_____ ?
여가 시간에 무엇을 하니?

431

der Film
영화

Ich habe einen _____ über
Freundschaft gesehen.
나는 우정에 관한 영화를 보았다.

432

malen
(그림을) 그리다

Was _____ du?
무엇을 그리고 있는 거니?

433

tanzen
춤추다

Sie _____ Walzer.
그들은 왈츠를 추고 있다.

Hint 428 Lieblings(beschäftigung) 429 verbrachten 432 malst

434

□
□
□
zelten
캠핑하다

Wir gehen einmal im Monat
[   ].
우리는 한 달에 한 번 캠핑을 간다.

435

□
□
□
sammeln
모으다, 수집하다

Ich [   ] Schuhe.
나는 구두를 모은다.

436

□
□
□
das Bild
그림, 사진

Wir haben dort viele [   ]
gemacht.
우리는 그곳에서 사진을 많이 찍었다.

437

□
□
□
die Muße
여가

Ich habe nicht viel [   ].
나는 여가 시간이 거의 없다.

438

□
□
□
reparieren
고치다

Er hat meine Kamera [   ].
그는 내 카메라를 고쳐 주었다.

439

□
□
□
das Konzert
콘서트, 음악회

Ich habe zwei Karten für das
[   ].
나에게 그 음악회 표가 두 장 있다.

440

□
□
□
wandern gehen
산행하다, 하이킹하다

Ich [   ] gerne
[   ] und surfen.
나는 산행과 서핑을 좋아한다.

441

☐
☐
☐

spielen
(악기를) 연주하다

Er ▓▓▓▓▓▓ eine Sonate von Mozart.

그는 모차르트의 소나타를 연주했다.

442

☐
☐
☐

das (Musik)Instrument
악기

Spielst du ein ▓▓▓▓▓▓ ?

너는 악기를 연주하니?

443

☐
☐
☐

lösen
풀다, 해결하다

Ich bin gut darin, Rätsel zu ▓▓▓▓▓▓ .

저는 수수께끼를 잘 풀어요.

444

☐
☐
☐

auf ~ aufpassen
~를 돌보다

Wer wird ▓▓▓▓▓▓ den Hund ▓▓▓▓▓▓ ?

누가 개를 돌볼 거예요?

악기

- -

die Gitarre 기타

die Geige 바이올린

das Cello 첼로

die Flöte 플루트

die Mundharmonika 하모니카

das Klavier 피아노

die Trommel 드럼

die Trompete 트럼펫

das Saxophon 색소폰

der Synthesizer 신디사이저

gekonnt 능숙한

das Gemälde 그림

die Aufführung 쇼, 공연

das Ballett 발레

die Oper 오페라

das Musical 뮤지컬

das Theaterstück 연극

kreieren 창작하다

erfinden 발명하다

das Model 모형, 모델

backen 빵을 굽다

gärtnern 정원을 가꾸다

bildhauern 조각하다

klettern 암벽을 타다

stricken 뜨개질하다

nähen 바느질하다

einen Roman schreiben
소설을 쓰다

ein Puzzle lösen 퍼즐을 풀다

fischen gehen 낚시하러 가다

ein Foto machen 사진을 찍다

Origami falten 종이접기를 하다

schnitzen 조각하다

töpfern 도자기를 빚다

einen Drachen steigen lassen
연을 날리다

zaubern 마술을 하다

sich⁹ die Sterne angucken
별을 관찰하다

eine Party schmeißen 파티를 열다

ein Blumengesteck anfertigen
꽃꽂이를 하다

einen Film drehen 영화를 만들다

ein Online-Spiel spielen
온라인 게임을 하다

Figuren sammeln 피규어를 수집하다

142

 **미니 테스트**

단어 암기 동영상을 보면서 복습하세요

1 다음 단어의 뜻을 적어 보세요.

1 das Konzert _____   2 malen _____

3 Lieblings- _____   4 wandern gehen _____

5 sammeln _____   6 verbringen _____

2 다음 뜻을 독일어로 써 보세요.

1 그림, 사진 _____   2 취미 _____

3 ~을 돌보다 _____   4 풀다, 해결하다 _____

5 영화 _____   6 캠핑하다, 야영하다 _____

3 독일어와 우리말 뜻을 알맞게 연결해 보세요.

1 한가한 •   ① die Muße

2 고치다 •   ② die Freizeit

3 악기 •   ③ das (Musik)Instrument

4 여가 시간 •   ④ tanzen

5 춤추다 •   ⑤ reparieren

1 1. 콘서트, 음악회 2. (그림을) 그리다 3. 가장 좋아하는 ~ 4. 산행하다, 하이킹하다 5. 모으다, 수집하다
6. (시간을) 보내다 **2** 1. das Bild 2. das Hobby 3. auf ~ aufpassen 4. lösen 5. der Film 6. zelten
3 1. ② 2. ⑤ 3. ③ 4. ① 5. ④

Day 21

운동·스포츠

🎧 MP3를 들어보세요

der Fußball 축구

der Baseball 야구

der Basketball 농구

das Schwimmen 수영

das Golf 골프

der Marathon 마라톤

445
der Sport
운동, 스포츠

Ich mag gerne
Mannschafts_____.
나는 단체 운동을 하는 것을 좋아한다.

446
beitreten
합류하다, 함께하다

Wann bist du der Mannschaft
_____?
그 팀에 언제 합류했어?

447
der Sportler /
die Sportlerin
운동선수

Sie ist eine professionelle
_____.
그녀는 프로 운동선수이다.

448
die Partie
경기, 게임

Lasst uns eine _____
Basketball spielen.
농구 한 게임하자.

449
rennen
달리다, 뛰다

_____ so schnell wie du kannst.
최대한 빨리 달려.

Tip
운동 경기 이름

----

der Federball   배드민턴

das Tennis   테니스

der Volleyball   배구

das Bogenschießen   양궁

der Ringkampf   레슬링

das Skifahren   스키

das Schlittschuhlaufen   스케이트

das Boxen   권투

Hint 445 (Mannschafts)sport   446 beigetreten   449 Renn

450

☐
☐
☐

anfeuern

환호하다

Alle haben ihn wic wild

▨▨▨▨▨▨▨.

모두가 그를 열광적으로 응원했다.

451

☐
☐
☐

werfen

던지다

▨▨▨▨▨▨▨ den Ball so fest, wie du kanns.

할 수 있는 한 힘껏 공을 던져 봐.

452

☐
☐
☐

die Mannschaft

팀

Für welche ▨▨▨▨▨▨▨ bist du?

너는 어느 팀을 응원하니?

453

☐
☐
☐

springen

점프하다, 뛰어오르다

Die Balletttänzerin ▨▨▨▨▨▨▨ hoch.

발레리나는 높이 뛰어올랐다.

454

☐
☐
☐

treten

발로 차다

Owen ▨▨▨▨▨▨▨ den Strafstoß.

Owen이 페널티킥을 찼다.

455

☐
☐
☐

das Rennen

경주

Lass uns ein ▨▨▨▨▨▨▨ austragen.

우리 경주하자.

456

☐
☐
☐

das Fitnessstudio

체육관, 헬스클럽

Ich gehe nach der Arbeit ins ▨▨▨▨▨▨▨.

나는 퇴근 후에 헬스클럽에 간다.

Hint 450 angefeuert   451 Wirf   453 sprang   454 trat

457
☐
☐
☐

gewinnen
이기다

Wer ⬚⬚⬚⬚⬚?
누가 이기고 있어요?

458
☐
☐
☐

verlieren
지다

Sie haben um 3 Punkte ⬚⬚⬚⬚⬚.
그들은 3점 차로 졌다.

459
☐
☐
☐

der Preis
상, 상금

Wie hoch ist das ⬚⬚⬚⬚⬚geld?
상금이 얼마예요?

460
☐
☐
☐

der Wettkampf
경쟁, 대회, 시합

Sie wurde die Letzte im
⬚⬚⬚⬚⬚.
그녀는 시합에서 꼴찌로 들어왔다.

461
☐
☐
☐

siegen
승리하다

Sind Sie sicher, dass Sie
⬚⬚⬚⬚⬚ werden?
승리할 거라고 자신하시나요?

462
☐
☐
☐

knapp
아슬아슬한, 막상막하의

Es war ein ⬚⬚⬚⬚⬚ Spiel.
막상막하의 경기였다.

463
☐
☐
☐

gratulieren
축하하다, 축하의 말을 하다

⬚⬚⬚⬚⬚ ihnen von mir.
그들에게 축하한다고 전해 주세요.

Hint 457 gewinnt   458 verloren   459 Preis(geld)   462 knappes   463 Gratuliere abhalten (대회를) 열다

stattfinden (대회가) 열리다

das Stadion 주경기장

der Baseballplatz 야구장

das Spielfeld 필드

der Platz 코트

die Laufbahn 육상 경기장

die Eislaufbahn 아이스링크

das Schwimmbecken 수영장

der Zuschauer 관객

klatschen 손뼉 치다

der Cheerleader 치어리더

der Spieler /
die Spielerin 선수

der Schiedsrichter 심판

der Profi 프로

der Amateur 아마추어

erbittert 치열한

teilnehmen ~에 참여하다

antreten 경쟁하다

der Gegner 적수, 상대

das Turnier 토너먼트

das Finale 결승전

das Halbfinale 준결승전

die Olympischen Spiele 올림픽

den ersten Platz machen
1위를 차지하다

schlagen 이기다

feiern 축하하다

der Gewinner 승자

der Verlierer 패자

die Medaille 메달

der Pokal 트로피

der Mannschaftskapitän 주장

der Mitspieler 팀 동료

미니 테스트

단어 암기 동영상을
보면서 복습하세요

1 다음 단어의 뜻을 적어 보세요.

1 knapp _____

2 das Fitnessstudio _____

3 beitreten _____

4 gratulieren _____

5 treten _____

6 rennen _____

2 다음 뜻을 독일어로 써 보세요.

1 승리하다 _____

2 경주 _____

3 던지다 _____

4 상, 상금 _____

5 이기다 _____

6 팀 _____

3 독일어와 우리말 뜻을 알맞게 연결해 보세요.

1 운동선수 ·

① springen

2 지다 ·

② verlieren

3 환호하다 ·

③ anfeuern

4 경쟁, 대회, 시합 ·

④ der Sportler / die Sportlerin

5 점프하다, 뛰어오르다 ·

⑤ der Wettkampf

1 1. 아슬아슬한, 막상막하의 2. 체육관, 헬스클럽 3. 합류하다, 함께하다 4. 축하하다, 축하의 말을 하다 5. 발로 차다 6. 달리다, 뛰다 **2** 1. siegen 2. das Rennen 3. werfen 4. der Preis 5. gewinnen 6. die Mannschaft **3** 1. ④ 2. ② 3. ③ 4. ⑤ 5. ①

Day 22

공부
순서 ☐ MP3 듣기 ➡ ☐ 단어 암기 ➡ ☐ 예문 빈칸 채우기 ➡ ☐ 단어암기 동영상

컴퓨터·인터넷

🎧 MP3를 들어보세요

der Desktop-Computer(der PC)
탁상용 컴퓨터

der Laptop
노트북 컴퓨터

das Netzwerk
네트워크

die Datei
파일

klicken
클릭하다

auf ~ zeigen
가리키다

464

der Computer

컴퓨터

Ich brauche einen neuen
_____.
새 컴퓨터가 필요해요.

465

einschalten

~을 켜다

Ist der Drucker _____?
프린터는 켜져 있어요?

466

die Daten

🄟 데이터

Sind die _____ korrekt?
데이터는 정확한 거예요?

467

runterladen

(파일을) 다운로드하다, 내려받다

Warte, bis es _____ ist
다운로드가 끝날 때까지 기다려.

468

das Programm

프로그램

Er hat dieses _____ nicht
aktualisiert.
그는 이 프로그램을 업데이트하지 않았다.

469

klicken

(마우스를) 클릭하다

_____ auf das Symbol.
이 아이콘을 클릭해.

470

die Datei

파일

Ich habe vergessen die
_____ anzuhängen.
파일을 첨부하는 걸 깜빡했어요.

Hint 465 eingeschaltet 467 runtergeladen 469 Klick

471 ☐ ☐ **das Dokument** ☐ 문서	Speichere das ▓▓▓▓▓▓ auf deinem USB-Stick. 문서를 USB 드라이버에 저장해 둬.
472 ☐ ☐ **löschen** ☐ 삭제하다, 지우다	Ups! Ich habe die falsche Datei ▓▓▓▓▓. 이런! 파일을 잘못 지웠어요.
473 ☐ ☐ **die Sicherungskopie** ☐ 예비 사본	Mach unbedingt eine ▓▓▓▓▓ von all deinen Dateien. 파일은 전부 예비 사본을 꼭 만들어 둬.
474 ☐ ☐ **installieren** ☐ 설치하다	Hast du die KakaoTalk App ▓▓▓▓▓? 카카오톡 앱은 설치했니?
475 ☐ ☐ **das Internet** ☐ 인터넷	Diese Prüfung wird übers ▓▓▓▓▓ abgelegt. 그 시험은 인터넷으로 치러진다.
476 ☐ ☐ **die Webseite** ☐ 웹 사이트	Besuchen Sie unsere ▓▓▓▓▓ für weitere Informationen. 정보가 더 필요하면 우리 웹 사이트를 방문하세요.
477 ☐ ☐ **zugreifen** ☐ 접속하다	Kannst du auf unser Netzwerk ▓▓▓▓▓? 그 네트워크에 접속할 수 있어?

Hint 472 gelöscht   474 installiert

478

☐
☐
☐

suchen

검색하다, 찾다

Sie bitte mal nach 'virus'.

'virus'로 검색해 보세요.

479

☐
☐
☐

die Information

정보

Wo hast du die   her?

어디에서 그 정보를 얻은 거야?

480

☐
☐
☐

das Wi-Fi

와이파이(=das WLAN)

Gibt es hier kostenloses ?

여기서 무료 와이파이를 쓸 수 있나요?

481

☐
☐
☐

online

온라인의, 온라인에서

Ich shoppe normalerweise .

나는 주로 온라인 쇼핑을 한다.

482

☐
☐
☐

die Sicherheit

보안, 안전

Filtern Sie für Ihre   die Spam-Mail aus.

보안을 위해서 스팸 메일은 걸러 내세요.

483

☐
☐
☐

echtzeit-

실시간의

Ist das ein   spiel?

이것은 실시간 게임인가요?

484

☐
☐
☐

das Urheberrecht

저작권

Wird es durch das   geschützt?

그것은 저작권으로 보호를 받고 있나요?

Hint **483** Echtzeit(spiel)

플러스 단어

einloggen 로그인하다

ausschalten ~을 끄다

eingeben 입력하다

der Benutzername 이용자 ID

das Update 업데이트

der Upload 업로드

aufrüsten 업그레이드하다

rückgängig machen 실행을 취소하다

der Monitor 모니터

der Bildschirm 스크린

die Tastatur 키보드, 자판

die Funkmaus 무선 마우스

der Scanner 스캐너

die Auflösung 해상도

benutzerfreundlich 사용하기 편한

einfrieren 먹통이 되다

ziehen 드래그하다

speichern 저장하다

hochfahren 부팅하다

neustarten 재시작하다

verbinden 연결하다

abkoppeln (연결이) 끊기다

Digitale Unterschrift 전자 서명

das Wasserzeichen 워터마크

der Hacker 해커

das Virus 바이러스

der Systemausfall 시스템 오류

die Firewall 방화벽

hacken 해킹하다

im Internet surfen 인터넷 서핑을 하다

미니 테스트

단어 암기 동영상을
보면서 복습하세요

1 다음 단어의 뜻을 적어 보세요.

1 die Daten _____

2 löschen _____

3 online _____

4 die Datei _____

5 löschen _____

6 suchen _____

2 다음 뜻을 독일어로 써 보세요.

1 ~을 켜다 _____

2 실시간의 _____

3 접속하다 _____

4 (마우스를) 클릭하다 _____

5 와이파이 _____

6 문서 _____

3 독일어와 우리말 뜻을 알맞게 연결해 보세요.

1 정보 •

2 저작권 •

3 보안, 안전 •

4 설치하다 •

5 웹 사이트 •

① die Website

② die Sicherheit

③ das Urheberrecht

④ die Information

⑤ installieren

1 1. 데이터 2. 삭제하다, 지우다 3. 온라인의, 온라인에서 4. 파일 5. 삭제하다, 지우다 6. 검색하다, 찾다
2 1. einschalten 2. echtzeit- 3. zugreifen 4. klicken 5. das WLAN, das Wi-Fi 6. das Dokument
3 1. ④ 2. ③ 3. ② 4. ⑤ 5. ①

전화·통신

🎧 MP3를 들어보세요

die SMS
문자메시지

der Kalender
달력

die Galerie
사진첩

die Kamera
카메라

das Wetter
날씨

die Uhr
시계

die Landkarte
지도

das Video
동영상

das Telefon
전화

die E-Mail
이메일

die Musik
음악

485

☐
☐ **das Telefon**
☐ 전화, 전화기

Wer war am ✎   ?

누가 건 전화였어요?

486

☐
☐ **das Handy**
☐ 휴대전화

Mein   ist kaputt.

제 휴대전화가 고장 났어요.

487

☐
☐ **anrufen**
☐ 전화하다

Sie können mich jederzeit

     .

언제든 전화 주세요.

488

☐
☐ **sprechen**
☐ 말하다

Wen möchten Sie   ?

누구랑 통화하고 싶으세요?

489

☐
☐ **die SMS**
☐ 문자

Schreib mir eine   wenn du angekommen bist.

거기 도착하면 문자 하나 보내.

Tip

전화 대화 필수 표현

- -

Kann ich bitte mit Carl sprechen?
Carl과 통화할 수 있을까요?

Das bin ich. 저예요.

Er telefoniert grade. 그는 통화 중이에요.

Darf ich fragen wer Sie sind?
실례지만 누구세요?

Sie haben die falsche Nummer gewählt. 전화 잘못 거셨어요.

490

☐
☐
☐

die Telefonnummer

전화번호

Was ist deine ▨▨▨▨▨▨?

전화번호가 몇 번이야?

491

☐
☐
☐

die Nachricht

메시지

Darf ich Ihre ▨▨▨▨▨▨
annehmen?

메시지를 남기시겠어요?

492

☐
☐
☐

hören

듣다

Ich kann Sie nicht ▨▨▨▨▨▨.

목소리가 잘 안 들려요.

493

☐
☐
☐

zurückrufen

다시 전화하다, 회답 전화하다

Kann ich Sie später ▨▨▨▨▨▨?

나중에 다시 전화드려도 될까요?

494

☐
☐
☐

kontaktieren

연락하다

Bitte ▨▨▨▨▨▨ Sie mich unter
dieser Nummer.

이 번호로 연락하세요.

495

☐
☐
☐

Kontakt haben

연락하다

▨▨▨▨▨▨ du noch ▨▨▨▨▨▨
zu Scott?

Scott이랑 아직도 연락하니?

496

☐
☐
☐

der Spam

스팸(문자, 메시지)

Ich hasse
▨▨▨▨▨▨-Nachrichten.

나는 스팸 문자가 정말 싫어.

Hint 495 Hast, Kontakt

497

☐
☐
☐

die E-Mail
이메일

Hast du die [   ]
gecheckt?

이메일 확인했니?

498

☐
☐
☐

anhängen
첨부하다

Lade das [   ] Dokument
runter.

첨부된 문서를 다운로드하세요.

499

☐
☐
☐

Soziale Medien
소셜 미디어

Manchmal sind [   ]
[   ] ganz praktisch.

가끔씩 소셜 미디어는 꽤 유용하다.

500

☐
☐
☐

der Kommentar
댓글

Schreib einen [   ] für
mein Bild.

제 사진에 댓글 남겨 주세요.

501

☐
☐
☐

der Blogger /
die Bloggerin
블로거

Shelley ist eine Power [   ].

Shelley는 파워 블로거예요.

502

☐
☐
☐

die Kommunikation
의사소통, 연락

Soziale Median wurden zu einem
beliebten [   ] mittel.

SNS는 인기 있는 의사소통 수단이 되었다.

das Telefon klingelt 전화가 울리다

ans Telefon gehen 전화를 받다

rangehen 전화를 받다

telefonieren 통화하다

auflegen 전화를 끊다

die Telefonrechnung
전화 요금 고지서

tot 먹통인

besetzt 통화 중인

die Mailbox 음성 메시지

eine Nachricht hinterlassen
메시지를 남기다

der Festnetzanschluss 유선 전화

das Smartphone 스마트폰

in Kontakt stehen ~와 연락하다

in Kontakt bleiben ~와 계속 연락하다

den Kontakt verlieren
~와 연락이 끊기다

das E-Mail Konto 메일 계정

die E-Mail Adresse 메일 주소

der E-Mail Anhang 메일 첨부 문서

eine E-Mail senden 메일을 보내다

eine E-Mail bekommen
메일을 받다

eine E-Mail schreiben
메일을 쓰다

eine E-Mail lesen 메일을 읽다

die E-Mails checken 메일을 확인하다

eine E-Mail löschen 메일을 삭제하다

die App 어플리케이션

twittern 트위팅을 하다

bloggen 블로그를 하다

der Blogaholic 블로그 중독

der richtige Name 실명

anonym 익명의

 단어 암기 동영상을
보면서 복습하세요

1 다음 단어의 뜻을 적어 보세요.

1 kontaktieren _____

2 die E-Mail _____

3 sprechen _____

4 zurückrufen _____

5 der Kommentar _____

6 der Spam _____

2 다음 뜻을 독일어로 써 보세요.

1 메시지 _____

2 휴대전화 _____

3 전화번호 _____

4 블로거 _____

5 댓글 _____

6 첨부하다 _____

3 독일어와 우리말 뜻을 알맞게 연결해 보세요.

1 듣다 ・

① die SMS

2 의사소통, 연락 ・

② hören

3 문자 ・

③ das Telefon

4 전화, 전화기 ・

④ die Kommunikation

5 전화하다 ・

⑤ anrufen

1 1. 연락하다　2. 이메일　3. 말하다　4. 다시 전화하다, 회답 전화하다　5. 댓글　6. (문자, 메시지) 스팸
2 1. die Nachricht　2. das Handy　3. die Telefonnummer　4. der Blogger, die Bloggerin　5. der Kommentar
6. anhängen　**3** 1. ②　2. ④　3. ①　4. ③　5. ⑤

숫자와 시간

🎧 MP3를 들어보세요

1	2	3
eins	zwei	drei

4	5	6
vier	fünf	sechs

7	8	9	10
sieben	acht	neun	zehn

11~19	11	12	13	14
	elf	zwölf	dreizehn	vierzehn
15	16	17	18	19
fünfzehn	sechzehn	siebzehn	achtzehn	neunzehn

10단위	10	20	30	40
	zehn	zwanzig	dreißig	vierzig
50	60	70	80	90
fünfzig	sechzig	siebzig	achtzig	neunzig

100단위	100	200	300	400
	hundert	zweihundert	dreihundert	vierhundert
500	600	700	800	900
fünfhundert	sechshundert	siebenhundert	achthundert	neunhundert

- tausend   1,000(천)
- zehntausend   10,000(만)
- hunderttausend   100,000(십만)
- eine Million   1,000,000(백만)
- zehn Millionen   10,000,000(천만)
- einhundert Millionen   100,000,000(일억)
- eine Milliarde   1,000,000,000(십억)
- zehn Milliarden   10,000,000,000(백억)
- einhundert Milliarden   100,000,000,000(천억)
- eine Billion   1,000,000,000,000(일조)

서수 읽기

 1
erste-
첫 번째의

 2
zweite-
두 번째의

 3
dritte-
세 번째의

 4
vierte-
네 번째의

 5
fünfte-
다섯 번째의

 6
sechste-
여섯 번째의

 7
siebte-
일곱 번째의

 8
achte-
여덟 번째의

 9
neunte-
아홉 번째의

 10
zehnte-
열 번째의

 11
elfte-
열한 번째의

 12
zwölfte-
열두 번째의

13
dreizehnte-
열세 번째의

14
vierzehnte-
열네 번째의

15
fünfzehnte-
열다섯 번째의

16
sechzehnte-
열여섯 번째의

17
siebzehnte-
열일곱 번째의

18
achtzehnte-
열여덟 번째의

19
neunzehnte-
열아홉 번째의

20
zwanzigste-
스무 번째의

wie viele 몇 개의	**rechnen** 계산하다
mehrere 여러 개의	**der Taschenrechner** 계산기
die Zahl 숫자, 개수, 번호	**addieren** 더하다
Ungerade Zahl 홀수	**subtrahieren** 빼다
Gerade Zahl 짝수	**multiplizieren** 곱하다
Runde Zahl 끝자리가 0으로 끝나는 수	**dividieren** 나누다
Positive Zahlen 양수	**einige** (개수가) 많은
Negative Zahlen 음수	**die Anzahl von** ~의 수
die Glückszahl 행운의 숫자	**die Dezimalstelle** 소수 자리
zählen 세다, 셈을 하다	**die Seriennummer** 일련번호

숫자 말하기

❶ 일반적인 숫자는 세 자리씩 끊어 말합니다.

    3,401   Dreitausendvierhunderteins

    2,508,020   Zwei Millionen fünfhundertachttausendzwanzig

❷ 가격은 유로와 센트 단위를 끊어 말합니다.

    69,99 Euro   Sechsundneunzig Euro neunundneunzig (Cent)

❸ 전화번호는 주로 모든 숫자를 따로따로 말합니다.

    330-7184   Drei drei null, sieben eins acht vier

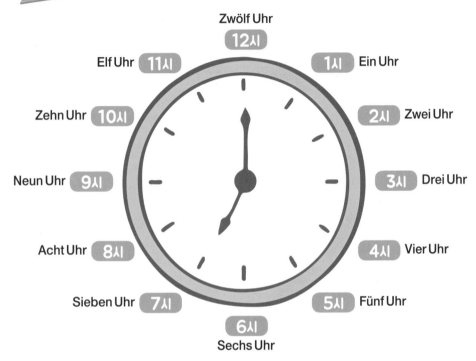

Zwölf Uhr
12시

Elf Uhr 11시

1시 Ein Uhr

Zehn Uhr 10시

2시 Zwei Uhr

Neun Uhr 9시

3시 Drei Uhr

Acht Uhr 8시

4시 Vier Uhr

Sieben Uhr 7시

5시 Fünf Uhr

6시
Sechs Uhr

Es ist acht Uhr fünfzig.
Es ist zehn vor acht.
지금은 8시 50분이다.

Es ist drei Uhr fünfzehn.
Es ist Viertel nach drei.
지금은 3시 15분이다.

플러스 단어

 단어 암기 동영상을 보면서 복습하세요

die Zeit 시간

die Stunde 시

die Minute 분

die Sekunde 초

vormittags 오전

nachmittags 오후

die Uhr 시계

wenn 언제

viertel 15분

halb 30분

nach ~지난

vor ~전

früh 이른, 일찍

spät 늦은, 늦게

jetzt 지금

Punkt ~ Uhr ~시 정각

pünktlich 정각에

frühzeitig 제시간보다 일찍

rechtzeitig 시간을 엄수하는

die Frist 시간 제한

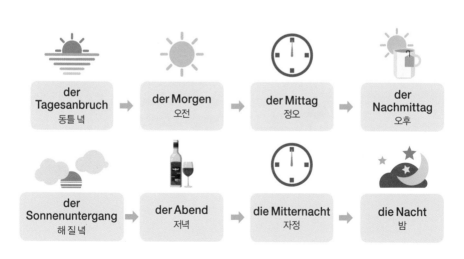

der Tagesanbruch 동틀 녘 ⇒ der Morgen 오전 ⇒ der Mittag 정오 ⇒ der Nachmittag 오후

der Sonnenuntergang 해질 녘 ⇒ der Abend 저녁 ⇒ die Mitternacht 자정 ⇒ die Nacht 밤

Day 25

공부
순서 □ MP3 듣기 ➡ □ 단어 암기 ➡ □ 예문 빈칸 채우기 ➡ □ 단어암기 동영상

방향과 위치

🎧 MP3를 들어보세요

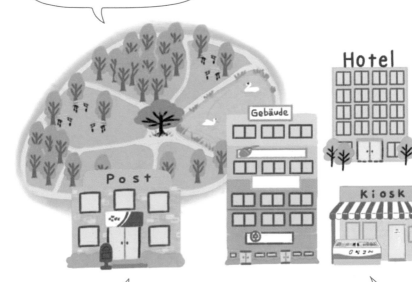

Der Park ist hinter der Post.
공원은 우체국 뒤에 있다.

Die Post ist
neben dem Gebäude.
우체국은 빌딩 옆에 있다.

Der Kiosk ist
vor dem Hotel.
편의점은 호텔 앞에 있다.

auf (+3/4격)
～ 위에/위로

unter (+3/4격)
～ 밑에/밑으로

in (+3/4격)
～ 안에/안으로

neben (+3/4격)
～ 옆에/옆으로

vor (+3/4격)
～ 앞에/앞으로

hinter (+3/4격)
～ 뒤에/뒤로

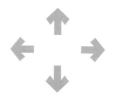

rechts von (+3격)
～ 오른쪽에

links von (+3격)
～ 왼쪽에

die Richtung
방향

hier 여기에

dort 저기에

in der Gegend 주위에

in der Nähe 근처에

gegenüber von (+3격) ~의 건너편에

(3격+) gegenüberliegend
~의 반대편에

durch (+4격) ~을 통과하여

drinnen 안에, 속에

draußen 바깥에

zwischen (+3/4격) ~사이에/사이로

inmitten (+2격) ~의 가운데에

rauf 위로

runter 아래로

nach (+3격) ~을 향하여

die Treppe rauf 위층에

die Treppe runter 아래층에

überall 모든 곳에

irgendwo 어디든

nah 가까이에

an der Ecke 모퉁이에

Osten 동쪽

Westen 서쪽

Süden 남쪽

Norden 북쪽

in der Mitte von (+3격) ~의 가운데에

ganz oben 맨 위에

ganz unten 맨 아래에

welche Richtung 어느 쪽의

da drüben 저쪽에

nirgendwo 아무 데도 없는

am Rande 가장자리에

in jeder Richtung 사방으로

미니 테스트

단어 암기 동영상을
보면서 복습하세요

1 다음 단어의 뜻을 적어 보세요.

1 die Richtung _____

2 links von ~ _____

3 hinter ~ _____

4 neben ~ _____

5 in der Gegend _____

6 draußen _____

2 다음 뜻을 독일어로 써 보세요.

1 ~의 건너편에 _____

2 ~ 앞에 _____

3 근처에 _____

4 ~의 가운데에 _____

5 사이에 _____

6 모든 곳에 _____

3 독일어와 우리말 뜻을 알맞게 연결해 보세요.

1 ~ 위에   •

① unter

2 저기에   •

② auf

3 남쪽   •

③ dort

4 ~ 밑에   •

④ Süden

5 ~ 안에   •

⑤ in

1 1. 방향 2. 왼쪽으로 3. ~ 뒤에 4. ~ 옆에 5. 주위에 6. 바깥에 **2** 1. gegenüber von ~ 2. vor ~ 3. in der Nähe 4. in der Mitte von 5. zwischen 6. überall **3** 1. ② 2. ③ 3. ④ 4. ① 5. ⑤

공부
순서 ☐ MP3 듣기 ➡ ☐ 단어 암기 ➡ ☐ 예문 빈칸 채우기 ➡ ☐ 단어암기 동영상

날짜

🎧 MP3를 들어보세요

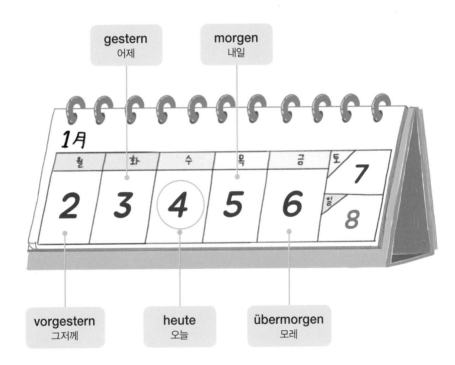

gestern
어제

morgen
내일

vorgestern
그저께

heute
오늘

übermorgen
모레

요일

| Montag
월요일 | Dienstag
화요일 | Mittwoch
수요일 | Donnerstag
목요일 |

| Freitag
금요일 | Samstag
토요일 | Sonntag
일요일 |

1~12월

| Januar
1월 | Februar
2월 | März
3월 | April
4월 |

| Mai
5월 | Juni
6월 | Juli
7월 | August
8월 |

| September
9월 | Oktober
10월 | November
11월 | Dezember
12월 |

das Jahrhundert 세기	**letzter Monat** 지난달
das Jahr 년	**dieser Monat** 이번 달
der Monat 달	**nächster Monat** 다음 달
die Woche 주	**vorletzte Woche** 지지난주
das Datum 날짜	**letzte Woche** 지난주
welches Datum 며칠의	**diese Woche** 이번 주
welcher Wochentag 무슨 요일의	**nächste Woche** 다음 주
letztes Jahr 작년	**übernächste Woche** 다다음 주
dieses Jahr 올해	**der Wochentag** 평일
nächstes Jahr 내년	**das Wochenende** 주말
vor zehn Jahren 10년 전	**eines Tages** 어느 날
nach zehn Jahren 10년 후	**vor ein paar Tagen** 며칠 전에

날짜 말하기

----

① 2000년 이전은 두 자리씩 끊고 중간에 und를 넣어서 읽어 줍니다.
  1999년 Neunzehnhundertneunundneunzig

② 2000년 이후는 숫자 그대로 읽어 줍니다.
  2018년 Zweitausendachtzehn

③ 날짜는 '일 → 월 → 년' 순서로 읽습니다.
  2019년 3월 19일 19. März 2019
  Neunzehnter März zweitausendneunzehn

 **미니 테스트**

단어 암기 동영상을
보면서 복습하세요

1 다음 단어의 뜻을 적어 보세요.

1 Donnerstag _____ 　　2 das Jahr _____

3 März _____ 　　4 der Wochentag _____

5 morgen _____ 　　6 Februar _____

2 다음 뜻을 독일어로 써 보세요.

1 수요일 _____ 　　2 그저께 _____

3 주말 _____ 　　4 8월 _____

5 모레 _____ 　　6 오늘 _____

3 독일어와 우리말 뜻을 알맞게 연결해 보세요.

1 어제　　・　　① gestern

2 11월　　・　　② das Jahrhundert

3 토요일　　・　　③ November

4 날짜　　・　　④ Samstag

5 세기　　・　　⑤ das Datum

1 1. 목요일　2. 년　3. 3월　4. 평일　5. 내일　6. 2월　**2** 1. Mittwoch　2. vorgestern　3. das Wochenende
4. August　5. übermorgen　6. heute　**3** 1. ①　2. ③　3. ④　4. ⑤　5. ②

일상생활 필수 동사

🎧 MP3를 들어보세요

gehen 걷다

reden 말하다, 이야기하다

sich setzen 앉다

machen 만들다

geben 주다

öffnen 열다

503
☐
☐
☐
gehen
걷다

Er ✏ ▨▨▨▨ jeden Tag
5 Kilometer.
그는 매일 5km씩 걷는다.

504
☐
☐
☐
reden
말하다

Mit wem ▨▨▨▨ du?
누구한테 말하고 있는 거야?

505
☐
☐
☐
sich setzen
앉다

Kann ich ▨▨▨▨ neben dich
▨▨▨▨ ?
옆에 앉아도 되니?

506
☐
☐
☐
stehen
서다

▨▨▨▨ Sie bitte in einer
Reihe.
한 줄로 서 주세요.

507
☐
☐
☐
haben
가지고 있다

Ich ▨▨▨▨ ein paar Münzen.
제게 동전이 좀 있어요.

508
☐
☐
☐
geben
주다

Kannst du mir bitte die Tasse
▨▨▨▨ ?
그 컵 좀 줄래?

509
☐
☐
☐
machen
만들다

▨▨▨▨ dir eine Liste bevor du
einkaufen gehst.
쇼핑하기 전에 목록을 만들어 둬.

Hint 503 geht 504 redest 505 mich, setzen 507 habe 509 Mach

510

☐
☐
☐

sehen

보다

Hast du [   ] wer es war?

누구였는지 봤어?

511

☐
☐
☐

öffnen

열다

Kannst du dieses Glas [   ]?

이 병 좀 열어 줄래?

512

☐
☐
☐

schließen

닫다

Sie [   ] die Vorhänge.

그녀는 커튼을 쳤다.

513

☐
☐
☐

bringen

가져오다, 데려오다

Danke, dass du sie nach Hause
[   ] hast.

그녀를 집에 데려와 줘서 고마워.

514

☐
☐
☐

mitnehmen

가져가다, 데려가다

Vergiss nicht dein Mittagessen
[   ].

점심 가져가는 거 잊지 마.

515

☐
☐
☐

wollen

원하다

Mach alles was du [   ].

원하는 것을 다 하렴.

516

☐
☐
☐

glauben

믿다, 생각하다

Ich [   ] nicht, dass das
stimmt.

그것이 사실이라고 생각하지 않아요.

Hint 510 gesehen 512 schloss 513 gebracht 514 mitzunehmen 515 willst 516 glaube

517

benutzen
사용하다

Das hier kann man leichter
▨▨▨▨▨.
이것이 사용하기가 더 쉬워요.

518

zeigen
보여 주다

Können Sie mir ein anders
▨▨▨▨▨?
다른 것을 보여 주시겠어요?

519

brauchen
필요로 하다

Wir ▨▨▨▨ mehr Zeit.
우리는 시간이 더 필요해요.

520

helfen
돕다

Lass mich dir ▨▨▨▨.
내가 도와줄게.

521

anfangen
시작하다

▨▨▨▨ Sie bitte ▨▨▨▨,
wenn Sie bereit sind.
준비되면 시작하세요.

522

aufhören
멈추다, 끝내다

▨▨▨▨ Sie bitte ▨▨▨▨
zu reden.
조용히 하세요.

523

finden
찾다, 발견하다

Ich kann meine Autoschlüssel nicht
▨▨▨▨.
자동차 열쇠를 못 찾겠어요.

Hint 521 Fangen, an 522 Hören, auf

524

☐ **anfassen**
☐
☐ 만지다

Bitte [   ] das nicht [   ].

그것을 만지지 마세요.

525

☐ **sich³ ~ leihen**
☐
☐ ~을 빌리다

Kann ich [   ] dein Auto [   ]?

자동차 좀 빌려도 되니?

526

☐ **jemandem ~ leihen**
☐
☐ …에게 ~을 빌려주다

Kannst du [   ] 100 Euro [   ]?

나에게 100유로를 빌려줄 수 있니?

527

☐ **zerbrechen**
☐
☐ 부수다

Ich bin gefallen und meine Brille ist [   ].

넘어지는 바람에 안경이 부서졌어요.

528

☐ **beenden**
☐
☐ 끝내다

Er [   ] das Waschen seines Hundes.

그는 개 씻기기를 끝냈어요.

529

☐ **sich erinnern**
☐
☐ 기억하다

Ich kann [   ] nicht an seinen Namen [   ].

그의 이름이 기억나지 않아요.

530

☐ **vergessen**
☐
☐ 잊다, 깜빡하다

Ich habe [   ], das Gas auszustellen.

가스를 잠근다는 걸 깜빡했어요.

Hint 524 fass, an 525 mir, leihen 526 mir, leihen 527 zerbrochen 528 beendete
529 mich, erinnern

미니 테스트

단어 암기 동영상을 보면서 복습하세요

1 다음 단어의 뜻을 적어 보세요.

1 sich ~ leihen _____ 　　2 mitnehmen _____

3 beenden _____ 　　4 vergessen _____

5 sehen _____ 　　6 zerbrechen _____

2 다음 뜻을 독일어로 써 보세요.

1 사용하다 _____ 　　2 끝내다 _____

3 찾다 _____ 　　4 주다 _____

5 말하다 _____ 　　6 필요로 하다 _____

3 독일어와 우리말 뜻을 알맞게 연결해 보세요.

1 만지다 ・ 　　① gehen

2 기억하다 ・ 　　② stehen

3 걷다 ・ 　　③ sich erinnern

4 보여 주다 ・ 　　④ anfassen

5 서다 ・ 　　⑤ zeigen

1 1. ~을 빌리다　2. 가져가다, 데려가다　3. 끝내다　4. 잊다, 깜빡하다　5. 보다　6. 부수다, 부서지다
2 1. benutzen　2. beenden　3. finden　4. geben　5. reden　6. brauchen　**3** 1. ④　2. ③　3. ①　4. ⑤　5. ②

Day27 일상생활 필수 동사　181

자주 쓰이는 형용사, 부사

🎧 MP3를 들어보세요

groß 큰 ↔ **klein** 작은

viele 많은 ↔ **wenige** 적은

lang 긴 ↔ **kurz** 짧은

hoch 높은 ↔ **niedrig** 낮은

531

☐
☐
☐

gut

좋은, 착한

Melissa hat eine 🖊 _____ Note bekommen.

Melissa는 좋은 성적을 받았다.

532

☐
☐
☐

schön

예쁜, 좋은

Hab eine _____ Zeit.

좋은 시간 보내.

533

☐
☐
☐

schlecht

나쁜, 안 좋은

Ich habe _____ Neuigkeiten für dich.

너에게 안 좋은 소식이 있어.

534

☐
☐
☐

schnell

빠른

Wie _____ kannst du hier sein?

얼마나 빨리 여기로 올 수 있어?

535

☐
☐
☐

langsam

느린, 천천히

Sie fährt _____ durch die Stadt.

그녀는 천천히 시내를 운전하고 있다.

536

☐
☐
☐

einfach

쉬운

Im Ausland zu studieren ist nicht _____.

외국에서 공부하는 것은 쉽지 않다.

537

☐
☐
☐

schwierig

어려운

Waren die Prüfungsfragen _____?

시험 문제가 어려웠어요?

Hint 531 gute   532 schöne   533 schlechte

538

☐ ☐ ☐ **nützlich**
유용한

Hier sind ein paar ▨▨▨▨
Tipps für dich.
여기 너에게 유용한 조언이 있다.

539

☐ ☐ ☐ **stark**
힘센

Du bist ▨▨▨▨ als ich.
네가 나보다 힘이 더 세.

540

☐ ☐ ☐ **richtig**
옳은

'B' ist die ▨▨▨▨ Antwort.
B번이 정답이에요.

541

☐ ☐ ☐ **falsch**
틀린, 잘못된

Liege ich ▨▨▨▨ ?
제가 틀렸나요?

542

☐ ☐ ☐ **toll**
멋진

Sie hat ein ▨▨▨▨ Haus.
그녀는 멋진 집을 가지고 있다.

543

☐ ☐ ☐ **dunkel**
어두운

Es ist zu ▨▨▨▨ , um
irgendwas zu sehen.
너무 어두워서 아무것도 안 보여요.

544

☐ ☐ ☐ **gesund**
건강한

Bleib ▨▨▨▨ !
건강하렴!

Hint **538** nützliche **539** stärker **540** richtige **542** tolles

545
☐
☐ **viele**
☐ (개수가) 많은

Ich habe nicht [   ]
Freunde.
저는 친구가 많지 않아요.

546
☐
☐ **viel**
☐ (양이) 많은

Wir haben nicht mehr [   ]
Zeit übrig.
남은 시간이 별로 없어요.

547
☐
☐ **klein**
☐ 작은, 어린, 적은

Er ist mein [   ] Bruder.
그는 제 남동생이에요.

548
☐
☐ **klug**
☐ 영리한, 똑똑한

Sie ist eine [   ] Schülerin.
그녀는 똑똑한 학생이다.

549
☐
☐ **voll**
☐ 가득 찬

Der Benzintank ist [   ].
연료통은 가득 차 있어요.

550
☐
☐ **hungrig**
☐ 배고픈

Bist du [   ]?
배고프니?

551
☐
☐ **gefährlich**
☐ 위험한

Es ist [   ] mit Feuer zu
spielen.
불장난은 위험하다.

Hint 547 kleiner 548 kluge

552
☐
☐ **besonders**
☐ 특별히

Das Konzert ist nicht [____] toll.

그 음악회는 특별히 뛰어나지 않다.

553
☐
☐ **gleich**
☐ 같은

Wir tragen die [____] Klamotten.

우리는 같은 옷을 입고 있다.

554
☐
☐ **anders**
☐ 다른

Die Dinge sind jetzt [____].

지금은 상황이 달라졌다.

555
☐
☐ **wichtig**
☐ 중요한

Das ist nicht so [____].

그것은 그렇게 중요하지 않다.

556
☐
☐ **wahr**
☐ 사실인, 맞는

Ist das [____]?

그게 사실이예요?

557
☐
☐ **seltsam**
☐ 이상한

Ich fühle mich [____].

기분이 이상해요.

558
☐
☐ **furchtbar**
☐ 형편없는, 엉성한

Die Geschichte war [____].

스토리가 형편없었어요.

Hint 553 gleichen

sehr	아주, 매우	**niemals**	절대 ~ 아닌
so	그렇게, 아주	**immer**	항상, 늘
wirklich	정말로	**oft**	종종, 자주
ziemlich	꽤, 상당히	**manchmal**	가끔, 때때로
eher	오히려	**normalerweise**	주로, 대개
auch	역시, 또한	**nicht mehr**	더 이상 ~ 아닌
zu	너무	**wahrscheinlich**	아마도
wieder	또, 또다시	**vielleicht**	어쩌면, 아마도
bald	곧	**nur**	막, 단지, 딱
immer noch	아직도, 여전히	**lediglich**	단지, 오직 ~만
sehr viel	무척, 매우	**ein bisschen**	조금, 약간
sehr gut	매우 잘	**doll**	세게, 열심히
eine Menge	많이	**früh**	일찍
schon	벌써, 이미	**schnell**	빨리, 빠르게
noch	아직	**kaum**	거의 ~ 아닌
fast	거의	**selten**	드물게

und	그리고, ~와	**seit**	~한 이래로
aber	그러나, 하지만	**als**	~할 때, ~보다
jedoch	그러나, 하지만	**sobald**	~하자마자
oder	또는, 혹은	**anderenfalls**	그렇지 않으면
also	그래서, 그러므로	**so dass**	그래서, 그러함으로써
deshalb	그 때문에, 그러므로	**dann**	그런 다음, 그리고 나서
daher	그리하여, 따라서	**als Nächstes**	그 다음에
falls	만약	**erstes**	첫째
selbst wenn	설사 ~일지라도	**zweites**	둘째
obwohl	비록 ~일지라도	**zuletzt**	마지막으로
wenn	~할 때	**zum Beispiel**	예를 들어
während	~하는 동안, 한편	**infolgedessen**	그 결과
bis	~할 때까지	**tatsächlich**	사실
nach	~ 후에	**kurz gesagt**	간단히 말해서
bevor	~ 전에	**immer wenn**	~할 때마다
darum	그 때문에	**ehrlich gesagt**	솔직히 말해서

미니 테스트

1 다음 단어의 뜻을 적어 보세요.

1 anders _____ 2 dunkel _____

3 viel _____ 4 furchtbar _____

5 voll _____ 6 falsch _____

2 다음 뜻을 독일어로 써 보세요.

1 멋진 _____ 2 작은, 어린, 적은 _____

3 중요한 _____ 4 긴 _____

5 같은 _____ 6 사실인, 맞는 _____

3 독일어와 우리말 뜻을 알맞게 연결해 보세요.

1 이상한 • ① gesund

2 건강한 • ② gefährlich

3 위험한 • ③ seltsam

4 배고픈 • ④ schnell

5 빠른 • ⑤ hungrig

1 1. 다른 2. 어두운 3. (양이) 많은 4. 형편없는, 엉성한 5. 가득 찬 6. 틀린, 잘못된 **2** 1. toll 2. klein
3. wichtig 4. lang 5. gleich 6. wahr **3** 1. ③ 2. ① 3. ② 4. ⑤ 5. ④

Day 29

공부 순서 ☐ MP3 듣기 ➡ ☐ 단어 암기 ➡ ☐ 예문 빈칸 채우기 ➡ ☐ 단어암기 동영상

자주 쓰이는 전치사구 표현

🎧 MP3를 들어보세요

im Angebot
세일 중인

in ~ verliebt sein
~에게 사랑에 빠지다

aus Versehen
실수로

nach der Arbeit
퇴근 후에

vor dem Essen
식전에

in Schwierigkeiten
곤경에 처한

559

in ~ verliebt sein

〜에게 사랑에 빠지다

Ich glaube, ich ✎ _____
_____ sie _____.

그녀에게 사랑에 빠진 것 같아요.

560

zu Fuß

걸어서

Es dauert _____
_____ eine Stunde.

걸어서 한 시간이 걸릴 거예요.

561

mit dem Bus

버스를 타고

Sie sind _____ _____
_____ gekommen.

그들은 버스를 타고 도착했다.

562

an ~ fehlen

〜이 없다

Es _____ uns _____
Zeit.

우리에겐 시간이 없다.

563

mit ~ beginnen

〜을 시작하다

Wir _____ _____ dem
Unterricht.

우리는 수업을 시작한다.

564

für einen Moment

잠시만

Halte _____ _____
_____ die Luft an.

잠시만 숨을 참아.

565

im Bett sein

침대에 누워 있다

Warum _____ du nicht
_____ _____ ?

왜 침대에 누워 있지 않니?

Hint 559 bin, in, verliebt 562 fehlt, an 563 beginnen, mit 565 bist, im, Bett

566
☐
☐
☐
im Angebot
세일 중인

Sind diese Taschen ▇▇▇▇
▇▇▇▇?
이 가방들은 세일 중인가요?

567
☐
☐
☐
nach der Arbeit
퇴근 후에

Was machst du ▇▇▇▇
▇▇▇▇ ▇▇▇▇?
퇴근 후에 뭐 할 거야?

568
☐
☐
☐
mit Karte
카드로

Ich zahle ▇▇▇▇ ▇▇▇▇.
카드로 계산할게요.

569
☐
☐
☐
zu Hause
집에

Ist deine Mutter ▇▇▇▇ ▇▇▇▇?
어머니는 집에 계시니?

570
☐
☐
☐
nach Hause
집으로

Er ist ▇▇▇▇ ▇▇▇▇
gegangen.
그는 집으로 갔다.

571
☐
☐
☐
in dem Moment
그때, 그 당시에

▇▇▇▇ ▇▇▇▇ ▇▇▇▇ hat
alles stillgestanden.
그때 모든 것이 정지했다.

572
☐
☐
☐
in Schwierigkeiten sein
곤경에 처하다

Seine Firma ▇▇▇▇
▇▇▇▇ ▇▇▇▇.
그의 회사는 곤경에 처해 있다.

Hint 572 ist, in, Schwierigkeiten

573 an ~ teilnehmen
~에 참여하다

Ich will ⬜⬜⬜ einem Sprachkurs ⬜⬜⬜.
난 어학 수업에 참여하려 해.

574 am Telefon sein
통화 중이다

Sie ⬜⬜⬜ ⬜⬜⬜ ⬜⬜⬜.
그녀는 통화 중이에요.

575 zum Arzt gehen
의사에게 가다

Morgen ⬜⬜⬜ er ⬜⬜⬜ ⬜⬜⬜.
아침에 그는 의사에게 간다.

576 auf ~ antworten
~에 대해 대답하다

Ich ⬜⬜⬜ ⬜⬜⬜ ihre E-Mail.
나는 그녀의 이메일에 답한다.

577 aus ~ bestehen
~으로 구성되다

Dieser Tisch ⬜⬜⬜ ⬜⬜⬜ Holz.
이 탁자는 목재로 구성된다.

578 mit Absicht
고의로

Hast du das ⬜⬜⬜ ⬜⬜⬜ gemacht?
고의로 그런 거야?

579 für ~ danken
~에 대해 감사하다

Ich ⬜⬜⬜ ⬜⬜⬜ Ihre Einladung.
초대에 감사드려요.

580

☐
☐ **im Urlaub**
☐ 휴가 차, 휴가 중인

Er ist auf Hawaii ░░░░░░ ░░░░░░.
그는 하와이에서 휴가를 보내고 있다.

581

☐
☐ **an ~ denken**
☐ ~에 대해 생각하다

░░░░░░ du ░░░░░░
etwas Bestimmtes?
특별히 생각해 둔 거 있니?

582

☐ **hinter ~**
☐ **(zurück)liegen**
☐ ~보다 늦다

Wir ░░░░░░ 3 Tage ░░░░░░
unserem Zeitplan ░░░░░░.
일정보다 3일이 늦었어요.

583

☐
☐ **zu ~ gehören**
☐ ~에 속하다

Das Auto ░░░░░░
░░░░░░ mir.
그 자동차는 내 것이다.

584

☐
☐ **seit langem**
☐ 오랫동안

Ich habe ihn ░░░░░░
░░░░░░ nicht gesehen.
그들을 오랫동안 만나지 못했어요.

585

☐ **über ~ sprechen**
☐ ~에 대해 이야기하다
☐

Wir ░░░░░░ ░░░░░░ die
Reise.
우리는 여행에 대해 이야기한다.

586

☐
☐ **aus Versehen**
☐ 실수로

Ich habe ░░░░░░ ░░░░░░
meinen Kaffee verschüttet.
실수로 커피를 쏟았어요.

Hint 581 Denkst, an 582 liegen, hinter, zurück 583 gehört, zu 585 sprechen, über

미니 테스트

단어 암기 동영상을
보면서 복습하세요

1 다음 단어의 뜻을 적어 보세요.

1 über ~ sprechen _____ 2 für ~ danken _____

3 nach der Arbeit _____ 4 an ~ teilnehmen _____

5 in dem Moment _____ 6 im Urlaub _____

2 다음 뜻을 독일어로 써 보세요.

1 ~보다 늦다 _____ 2 의사에게 가다 _____

3 집에 _____ 4 오랫동안 _____

5 ~으로 구성되다 _____ 6 곤경에 처하다 _____

3 독일어와 우리말 뜻을 알맞게 연결해 보세요.

1 실수로   •   ① an ~ denken

2 카드로   •   ② aus Versehen

3 고의로   •   ③ am Telefon sein

4 ~에 대해 생각하다 •   ④ mit Absicht

5 통화중인, 전화로   •   ⑤ mit Karte

1 1. ~에 대해 이야기하다   2. ~에 대해 감사하다   3. 퇴근 후에   4. ~에 참여하다   5. 그때, 그 당시에   6. 휴가 차, 휴가 중인   **2** 1. hinter ~ (zurück)liegen   2. zum Arzt gehen   3. zu Hause   4. seit langem   5. aus ~ bestehen 6. in Schwierigkeiten sein   **3** 1. ②   2. ⑤   3. ④   4. ①   5. ③

자주 쓰이는 동사구 표현

ein Foto machen
사진을 찍다

eine Sitzung halten
회의를 열다

zur Seite stehen
도움을 주다

Spaß haben
재미있게 놀다

ein Bad nehmen
목욕을 하다

in den Urlaub gehen
휴가를 가다

Frühstück machen 아침밥을 짓다

Mittagessen machen 점심밥을 짓다

Abendessen machen 저녁밥을 짓다

einen Fehler machen 실수를 하다

ein Geräusch machen 소음을 내다

eine Ausrede machen 변명을 하다

ein Feuer machen 불을 피우다

Kaffee machen 커피를 끓이다

das Bett machen 이불을 펴다(개다)

einen Vorschlag machen
제안을 하다

ein Angebot machen 제안을 하다

Sinn machen 일리가 있다

saubermachen 청소하다

eine Skizze machen 스케치를 하다

eine Erklärung machen 설명을 하다

Hausaufgaben machen 숙제를 하다

die Wäsche machen 세탁을 하다

den Einkauf machen 쇼핑을 하다

einen Gefallen machen
호의를 베풀다

eine Arbeit machen 일을 하다

die Hausarbeit machen
집안일을 하다

nichts machen 아무것도 하지 않다

Sport machen 운동을 하다

sich die Haare machen
머리를 하다

Spaß haben 재미있게 놀다

eine Idee haben 아이디어가 있다

ein Problem haben 문제가 있다

eine Konferenz haben
회의가 있다

Interesse haben 관심이 있다

eine Chance haben 기회가 있다

einen Termin haben
(진로, 상담 등의) 약속이 있다

einen Unfall haben 사고를 당하다

eine Prüfung haben 시험이 있다

eine Erkältung haben
감기에 걸리다

einen guten Tag haben
좋은 하루를 보내다

ein Gespräch haben 담소를 나누다

eine Verabredung haben
데이트가 있다

Zeit haben 시간이 있다

Kopfschmerzen haben
머리가 아프다

Zahnschmerzen haben
이가 아프다

einen Streit haben
논쟁하다, 말싸움을 하다

Fieber haben 열이 있다

Ferien haben 휴가를 갖다

Schwierigkeiten haben
어려움을 겪다

Schmerzen haben 통증이 있다

Husten haben 기침을 하다

Schnupfen haben 콧물이 나다

Ausverkauf haben 세일을 하다

Informationen haben 정보가 있다

eine Erinnerung haben
기억을 가지고 있다

zur Schule gehen 학교에 가다

zur Arbeit gehen 직장에 가다

schwimmen gehen 수영하러 가다

joggen gehen 조깅하러 가다

skifahren gehen 스키 타러 가다

fischen gehen 낚시하러 가다

wandern gehen 하이킹하러 가다

fahrradfahren gehen 자전거 타러 가다

bowlen gehen 볼링 치러 가다

spazieren gehen 산책을 하다

trinken gehen 술 한잔하러 가다

auf ein Picknick gehen
소풍을 가다

in den Urlaub gehen 휴가를 가다

zelten gehen 캠핑하러 가다

reiten gehen 승마하러 가다

zum Arzt gehen 병원에 가다

auf Hochzeitsreise gehen
신혼여행을 가다

tanzen gehen 춤추러 가다

ins Ausland gehen 외국에 가다

ins Bad gehen 목욕하다

nach Hause gehen 귀가하다

zu Besuch gehen 방문하다

zu Ende gehen 끝나다

an die Arbeit gehen 일에 착수하다

 **geben** ----------------------------------

 **nehmen** ----------------------------------

eine Chance geben 기회를 주다	ein Bad nehmen 목욕을 하다
Hausaufgaben geben 숙제를 내다	Unterricht nehmen 수업을 받다
eine Spritze geben 주사를 놓다	einen Sitzplatz nehmen 앉다
ein Beispiel geben 예를 들다	Medizin nehmen 약을 먹다
einen Ratschlag geben 조언을 해 주다	sich Zeit nehmen 찬찬히 하다
	einen Tag freinehmen 휴가를 내다
einen Hinweis geben 힌트를 주다	eine Richtung nehmen 방향을 취하다
Hoffnung geben 희망을 주다	
einen Befehl geben 명령하다	Urlaub nehmen 휴가를 얻다
sein Bestes geben ~의 최선을 다하다	ein Ende nehmen 끝나다
	in Anspruch nehmen 요구하다
Antwort geben 대답하다	in Besitz nehmen 점유하다
Wasser geben 물을 주다	die U-Bahn nehmen 지하철을 타다
in Druck geben 출판하다	den Fahrstuhl nehmen 엘리베이터를 타다

Unterricht halten 가르치다	mit ~ gut stehen ~와 사이가 좋다
in Ordnung halten 정리해 두다	zum Kauf stehen 팔 물건이다
Hochzeit halten 결혼식을 치르다	auf der Warteliste stehen 대기 명단에 있다
eine Sitzung halten 회의를 열다	hinter ~ stehen ~를 편들다
einen Dieb halten 도둑을 잡다	außer Zweifel stehen 의문의 여지가 없다
eine Rede halten 연설을 하다	
einen Vortrag halten 강연을 하다	in die Luft stehen 솟아 있다
auf ~ halten ~을 목표로 삼다	über ~ stehen ~보다 우월하다
an ~ halten ~에 집착하다	unter ~ stehen ~보다 못하다
Mahlzeit halten 식사를 하다	an der Spitze stehen 선두에 서다
einen Hund halten 개를 기르다	an dem Punkt stehen 그 점과 관련이 있다
im Gedächtnis halten 기억해 두다	als Zeuge stehen 증인으로 서다
	zur Seite stehen 도움을 주다
	die Gefahr stehen 위험을 견디다

단어 암기 동영상을
보면서 복습하세요

스피드 인덱스